कविता का शहर

एक कवि की नोटबुक

विशेष सन्दर्भ :
चार दशक (सत्तर के दशक से 21वीं सदी के पहले दशक तक) की हिन्दी कविता और शहर के साथ बनते-बदलते सम्बन्धों का एक लेखा-जोखा।

भारतीय उच्च अध्ययन संस्थान शिमला में वर्ष 2014 में राष्ट्रीय अध्येता रहते हुए लिखा गया मोनोग्राफ़।

भारतीय उच्च अध्ययन संस्थान
शिमला

कविता का शहर

एक कवि की नोटबुक

राजेश जोशी

राजकमल प्रकाशन

ISBN : 978-93-87462-31-1

मूल्य : ₹295

पहला संस्करण : 2018

प्रकाशक : राजकमल प्रकाशन प्रा. लि.
1-बी, नेताजी सुभाष मार्ग, दरियागंज
नई दिल्ली-110 002

शाखाएँ : अशोक राजपथ, साइंस कॉलेज के सामने, पटना-800 006
पहली मंजिल, दरबारी बिल्डिंग, महात्मा गांधी मार्ग, इलाहाबाद-211 001
36 ए, शेक्सपियर सरणी, कोलकाता-700 017

वेबसाइट : www.rajkamalprakashan.com
ई-मेल : info@rajkamalprakashan.com

मुद्रक : बी.के. ऑफसेट
नवीन शाहदरा, दिल्ली-110 032

KAVITA KA SHAHAR: Ek Kavi Ki Notebook
by Rajesh Joshi

कविता के नगर का आत्मकथ्य

मैं कविता का नगर हूँ। मैं कविता में नगर या कविता और नगर की प्रचलित धारणा से भिन्न हूँ। भारत में नगरीकरण पर अनेक महत्त्वपूर्ण शोध कार्य हुए है। इससे सम्बन्धित कुछ किताबों के हवाले आपको आगे के अध्यायों में मिलेंगे ही। इसके पर्याप्त प्रमाण मौजूद हैं कि भारत में शहरों का बनना पश्चिम की तुलना में पहले शुरू हुआ। उदयनारायण राय ने **प्राचीन भारत में नगर तथा नगर-जीवन** में माना है कि ताम्रयुगीन सभ्यता हमारे देश की प्रथम नागरिक सभ्यता का प्रतिनिधित्व करती थी, जो पाश्चात्य मनीषियों के भी अनुसार, कलात्मक विकास, अभियांत्रिकी एवं संगठन की दृष्टि से मेसोपोटामिया एवं मिस्र सदृश देशों की तत्कालीन उन्नत सभ्यताओं की तुलना में भी कहीं अधिक बढ़-चढ़कर थी। इसकी प्राचीनता के बारे में सर जॉन मार्शल ने इसकी तिथि 3250 ईसा पूर्व से 2750 ईसा पूर्व के बीच निर्दिष्ट की थी। भारतीय नगरों का मोटा-मोटा वर्गीकरण तीन भागों में किया जा सकता है। पूर्व-औपनिवेशिक नगर, औपनिवेशिक नगर और उत्तर-औपनिवेशिक नगर। पूर्व-औपनिवेशिक नगर को वैदिक काल के नगर, पौराणिक काल के नगर, मध्यकाल के नगर आदि विभाजनों के साथ देखा जा सकता है। आगे के अध्यायों में पूर्व भूमिका की तरह इस इतिहास की भी कुछ झलकियों को कविता के नगर में खोजने की कोशिश दिखाई देगी।

शहरों के बनने, बसने और उजड़ने के अनेक तथ्यात्मक विवरण इतिहास की किताबों में तो हैं ही, महाकाव्यों में भी अनेक प्राचीन नगरों के उजड़ने और पुन: बसने की गाथाएँ मिल जाती हैं। जिसे हम इतिहास या किन्हीं अन्य स्रोतों से भी नहीं जान पाते, उसको जानने का एक साक्ष्य कम-से-कम कविता में मौजूद है। मसलन अयोध्या या हस्तिनापुर या अनेक प्राचीन नगरों

के उजड़ने या पुन: बसने के विवरणों और साक्ष्यों की तलाश के लिए हमें महाकाव्यों के पास जाना ही पड़ता है। चाहे कल्पना की कितनी ही मिलावट हो लेकिन कविता भी एक साक्ष्य तो देती ही है। जिस तरह भारत के नगरों और नगरीकरण पर महत्त्वपूर्ण शोधकार्य हुआ उसी तरह कविता के नगर में आने वाले परिवर्तनों की पड़ताल पर काम नहीं हुआ। ऐसा होता तो शायद कुछ और तथ्य हमें प्राप्त होते।

मेरी शक्ल कई बार वास्तविक शहर से मिल सकती है, क्योंकि कविता भी एक निर्मिति है, कम-से-कम आधुनिक कविता के बारे में तो यह माना ही जाता है। और **ज़ियोग्राफ़िकल एसेज़ इन इंडिया** में इनायत अहमद ने लिखा है कि 'भारतीय ग्राम प्रकृति की देन है जबकि नगर मानव निर्मित कलाकृति है।' (सन्दर्भ : उत्तर प्रदेश के प्राचीन नगर, अशोक सिंह, पृ. 37) इसलिए कविता का नगर चाहे बहुत भिन्न हो, उसमें कल्पना का तत्व बहुत अधिक या कम हो, लेकिन बाहर स्थित नगर से उसकी शक्ल थोड़ी-बहुत तो मिलती है। वास्तविक शहर की कुछ न कुछ छवियाँ, कुछ न कुछ परछाइयाँ तो कविता के नगर में आती ही हैं। लेकिन हर बार मेरी शक्ल को वास्तविक नगर की शक्ल से मिला-जुलाकर देखने की कवायद फ़िज़ूल है। कई बार कवियों को भी यह भ्रम हो जाता है कि वे अपनी कविता में वास्तविक शहर के यथार्थ को समेट रहे हैं। उन्हें लगता है कि वो कविता में शब्दों से वो ही शहर बना सकते हैं जो वास्तविक शहर है। वस्तुत: दोनों के निर्माण में लगने वाली वास्तविक निर्माण सामग्री ही भिन्न है। जब भी वास्तविक शहर शब्दों में रूपान्तरित होता है तो उसका चेहरा-मोहरा वही नहीं रहता, नहीं रह सकता, जो उसका वास्तविक चेहरा है। वह बदल जाता है। और यह बदला हुआ चेहरा शब्दों में शहर का पुनर्रचित चेहरा है। यह कविता का नगर है।

मैं वह अयोध्या हूँ जो राम के परलोकगमन के बाद उजड़ गई थी। मैंने ही अपने उजड़ जाने की गाथा जाकर कुश को सुनाई थी। मैंने ही बताया था कि मनु ने और फिर दशरथ ने कैसे मेरे वैभव को सँवारा था। अपने वैभव को फिर से पाने के लिए कुश से मैंने ही अनुरोध किया था। मैं ही वह लंका नगरी की आत्मा हूँ जिसने स्वयं आकर अपना परिचय दिया। मैं जितना शब्द में हूँ उतना ही स्वप्न में हूँ। मैं जितना वास्तविक हूँ उतना ही अवास्तविक हूँ। मैं जानता हूँ कि मनुष्य को अपना नगर बनाने-बसाने के लिए लोहा-लंगड़, ईंट, गारा, पत्थर, गिट्टी, कोलतार और न जाने कितनी चीज़ें जुटानी पड़ती हैं। कितने विशाल नगर मनुष्य ने बनाए हैं, इतिहास इसका साक्षी है। उन अद्‌भुत नगरों ने मनुष्य के रहन-सहन को, उसके सोचने-समझने को, उसकी संवेदना को कितना बदल दिया है, इसे कौन नहीं जानता। मनुष्यों ने न जाने

कितने असम्भवों को सम्भव कर डाला है। उसके लगातार सभ्य, सामाजिक और आधुनिक होते जाने की गाथा उसके द्वारा बसाए गए शहरों की गाथा से नाभिनालबद्ध है।

लेकिन मैं... मैं कविता का नगर हूँ। मुझे रचना, मुझे बसाना या बनाना भी कोई बहुत आसान काम नहीं है। मेरे भवनों, सड़कों, गलियों, नदियों और सरोवरों को बनाने के लिए एक कवि को भी न जाने कितने शब्द, कितने वाक्य, बिम्ब, प्रतीक, छन्द, लय, मिथक कथाओं और कल्पनाओं की ज़रूरत होती है। एक कवि का श्रम किसी वास्तुशिल्पी या नगरशिल्पी से किसी बात में कम नहीं होता। सच तो यह है कि एक बड़ा कवि नगरशिल्पी भी होता है। एक वास्तुकार भी। कविता का नगर बनाने के लिए बहुत हुनरमन्दी की ज़रूरत होती है। और यह हर किसी ऐरे-गैरे के बस का काम नहीं। मनुष्यों के नगर की ही तरह मेरे नगर की रचना के लिए भी वास्तुशिल्पियों और नगरशिल्पियों की ज़रूरत होती है। मनुष्यों के इतिहास में तो नगर बसाए जाने के लिए कई तरह की योजनाओं का खाका मिल जाता है। वास्तविक नगर एक सामूहिक रचना है जबकि कविता का नगर एक व्यक्ति की रचना है जिसे हर कवि अपने ही ढंग से बनाता है। यह रचना भी है और कुछ हद तक पुनर्रचना भी।

मैं कविता का नगर हूँ। मेरा इतिहास उतना ही प्राचीन है जितना मुनष्य द्वारा किए गए नगरीकरण का इतिहास। हड़प्पा या मेसोपोटामिया के नगर मुझसे पहले नहीं बसे होंगे। वे मेरे जुड़वाँ थे। इसे अगर मेरा दम्भ न समझा जाए तो कई बार तो मुझे लगता है कि मनुष्य द्वारा बनाए या बसाए गए प्रथम नगर से भी पहले मैं अस्तित्व में आया होऊँगा। अगर मैं न होता तो नगर की कल्पना ही कैसे होती? अगर उसने नगर की कल्पना की होगी तो वह कल्पना भी तो एक कविता ही रही होगी। नगर की अवधारणा और वास्तविक नगर में हमेशा एक चौड़ी खाई बनी ही रहती है। इसे पाटना मुश्किल है। कुछ हद तक मेरा काम यही है। मैं बार-बार इस खाई को पाटने की कोशिश करता हूँ। यथार्थ में यह खाई पाटी जा सके या न पाटी जा सके कम-से-कम कविता के नगर में इस खाई को पाटने में मैं काफी हद तक सफल रहा हूँ।

समय बहुत दुष्ट चीज़ है, आसानी से पकड़ में नहीं आता। दुनिया-भर के चिन्तक बार-बार इसे समझने और व्याख्यायित करने में लगे रहते हैं। महाभारत में यक्ष युधिष्ठिर से पूछता है कि दुनिया में सबसे मूल्यवान क्या है? युधिष्ठिर का उत्तर है—समय। लेकिन कहा जाता है कि अमरीका की एक जनजाति है—सूँज। उसके पास उसकी भाषा में, समय के लिए कोई शब्द ही नहीं है। बहरहाल समय से निपटे बिना कोई छुटकारा नहीं। उससे

भिड़ना ही पड़ता है। उसे पटाने के लिए उसकी कितनी चिरौरी करनी पड़ती है। कितनी बार उसकी ठुड्डी को छूना पड़ता है, यह एक कवि ही जानता है। कवि जानता है कि उसके साथ घंटों भटकना पड़ता है। सड़कों और गलियों की खाक छानना पड़ती है। किसी गुमटी या चायघर में बैठकर चाय पीते हुए बतियाना पड़ता है। उसकी ऊटपटांग बातें सुनना पड़ती हैं। मुझे बनाने वाले कवि को कई बार समय की उलटी सीधी, कई बातों से समझौता करना पड़ता है। कभी-कभी समय का मूड अच्छा रहा तो वह कवि की बात भी मान लेता है लेकिन कभी-कभी नहीं भी मानता। कितना ही मनाओ, टस से मस नहीं होता। कवि काल को दिक् से जोड़ना चाहता है। जानता है नहीं जोड़ेगा तो काल निर्गुण हो जाएगा। कविता का नगर इसी कोशिश का एक परिणाम है। कवि भी आखिर कवि है। उसी ने रचा है मुझे। उसकी स्वतंत्रता में कोई कितना दखल दे सकता है। आखिर वह भी प्रजापति है।

नगर के बारे में हजारों किस्से हर वक्त हर भाषा में प्रचलित रहते हैं, किस्सों का स्वयं भी अपना नगर होता है। किस्सों का नगर और कविता का नगर, होने को तो जुड़वाँ सन्तानें हैं लेकिन इनके चेहरे-मोहरे एकदम एक जैसे नहीं होते। दोनों कई बार पंजा लड़ाते दिख जाते हैं। कविता के नगर में पानी बहुत है, पेड़ बहुत हैं, परिन्दे बहुत हैं इसलिए बहाव बहुत है और उड़ान भी बहुत। उसमें दृश्य और अदृश्य का खेल चलता रहता है। कवि केदारनाथ सिंह कहते हैं, किसी सुलगते क्षण में वह अलग-अलग दिखता है हर दर्पण में। एक कोण से वह वास्तविक नगर की तरह दिखता है तो दूसरे से एकदम काल्पनिक नगर की तरह। उसमें वो सारी गन्दगियाँ और बुराइयाँ और अपराध और क्रूरताएँ और अमानवीयताएँ और सुन्दरताएँ मौजूद हैं जो धरती के किसी भी शहर में होती हैं, हो सकती हैं। जैसे कोई भी वास्तविक शहर मनुष्य की ही रचना है (चाहे मिथक कथाएँ कुछ भी कहें, आखिरकार मिथक कथाएँ भी तो मनुष्य की ही सृष्टि हैं) वैसे ही मैं भी एक कवि की रचना हूँ। मुझमें और वास्तविक शहर में कम-से-कम एक समानता तो है ही कि हम दोनों ही हमेशा अधूरे होते हैं। एक शहर में जैसे हमेशा ही कुछ न कुछ बदलता रहता है। कुछ जुड़ता रहता है, कुछ टूटता रहता है। इसी तरह मुझमें भी हमेशा कुछ न कुछ बदलता रहता है, बनता रहता है, उजड़ता रहता है। शहर एक सतत चलती प्रक्रिया है। मैं एक कवि की इच्छा में या स्वप्न में और वास्तविक नगर की वास्तविकता के बीच से कहीं जन्म लेता हूँ।

अब मुझे तो बकर-बकर करने की आदत है। मैं हमेशा ही बदलता रहा हूँ। प्राचीन कविता का नगर और आज की कविता का नगर एक-सा तो नहीं है। आधुनिक शहरों की तरह मुझमें भी भीड़ है, शोर है और तेज गतियाँ हैं।

परिचित और अपरिचित चेहरे हैं। आखिरकार मैं भी एक नगर हूँ और भीड़ और शोर से मैं कैसे बच सकता हूँ। तो मैं आपको वास्तविक नगर की भीड़ और शोर से निकाल कर कविता के नगर की भीड़ और शोर के बीच ले चलता हूँ। दुर्घटनाएँ तो दोनों ही जगह हो सकती हैं लेकिन दुर्घटना और दुर्घटना में अन्तर है। एक अगर आपको भौतिक रूप से आघात देगी तो दूसरी मानसिक या संवेदनात्मक आघात दे सकती है। दोनों के सुख अपने हैं और दुख भी अपने।

मैं कविता का नगर हूँ। वास्तविक नगर में एक जगह से दूसरी जगह जाते हुए आप चाहे सतर्क और चौकन्ने बने रहें लेकिन यहाँ कविता के नगर में आते हुए अपने पैरों को स्वतंत्र छोड़ दें और उन्हें भटकने दें जहाँ-जहाँ वे भटकना चाहें। कविता के नगर को जानने का इससे बेहतर कोई दूसरा तरीका नहीं हो सकता। यहाँ घुमन्तू होने... आवारा होने से आप बच नहीं सकते।

कवि का वक्तव्य

भारतीय उच्च अध्ययन संस्थान, शिमला ने वर्ष 2014 में मुझे एक वर्ष के लिए राष्ट्रीय अध्येता की तरह काम करने का अवसर दिया था। मुझे एक वर्ष की छोटी-सी अवधि में कविता के नगर की खोजबीन करनी थी। एक पर्यटक की तरह नहीं, एक घुमन्तू की तरह। तय है कि इस छोटी-सी अवधि में प्राचीन कविता के नगर से आज के कविता के नगर तक की यात्रा और उसमें धँसकर उसके सारे कोने-अँतरों में झाँक लेना सम्भव नहीं था। हिन्दी कविता के शहर में घुसने से पहले संस्कृत कविता के नगर में थोड़ी ताक-झाँक ज़रूरी थी। थोड़ी ताक-झाँक चलते-चलाते लोक कविता के नगर में भी कर लेना ज़रूरी था, पर ऐसा मुकम्मल तौर से सम्भव नहीं हुआ। सोचे गए काम का कोई विधिवत ढाँचा मस्तिष्क में नहीं था। अकादमिक अनुशासन में काम करने का न तो अनुभव था, न उस तरह से काम करने की सामर्थ्य ही थी। अतः लगा कि कुछ नोट्स की शक्ल में काम किया जाए। इसमें अकादमिक अनुशासन का बन्धन थोड़ा ढीला होगा। अतः इस अवधि के दौरान मैंने हिन्दी कविता के चार दशक याने सत्तर के दशक से इक्कीसवीं सदी के पहले दशक तक की कविता में शहर को लेकर कुछ नोट्स लिये थे। इन नोट्स के साथ ही अपनी प्राचीन कविता के शहर में भी ताक-झाँक कर रहा था। साथी अध्येताओं से फुर्सत के क्षणों में बात कर रहा था। संस्कृत साहित्य के अप्रतिम अध्येता डॉ. राधावल्लभ त्रिपाठी भी वहाँ अध्येता थे, उनसे भी गाहे-बगाहे बतिया लेता। इसी तरह की कुछ अव्यवस्थित-सी प्रक्रिया का परिणाम है यह नोटबुक। जैसा कि मैंने पहले ही स्वीकार किया

कि अकादमिक ढंग से काम करने का न तो मेरा अभ्यास है न मुझमें वैसी कोई क्षमता है। अत: हो सकता है कि इस नोटबुक में बहुत सारे अन्तराल दिखाई दें। भारतीय उच्च अध्ययन संस्थान का पुस्तकालय बहुत समृद्ध है। वहाँ भरपूर सहयोग और सुविधाएँ मुहैया थीं। लेकिन अगर आपका पात्र ही छोटा है तो आप उसमें कितना समेट सकते हैं। सच तो यह है कि जो सामग्री मैंने इकट्ठा की थी उसका पूरा उपयोग मैं नहीं कर पाया। ऐसा कर पाना मेरी सामर्थ्य के बाहर था। बहरहाल हिन्दी कविता के इस नगर को खोजते हुए, यह एक भटकते हुए कवि की नोटबुक है।

मैं संस्थान के निदेशक श्री चेतन सिंह का, संस्थान के सभी कर्मचारियों का, अपने साथ के राष्ट्रीय अध्येताओं और अध्येताओं का आभारी हूँ।

अनुक्रम

कविता का नगर, वास्तविक नगर से एक भिन्न स्पेस है

कविता का नगर, वास्तविक नगर से एक भिन्न स्पेस है। वह किसी नगर का विवरण मात्र नहीं, एक पुनर्रचित नगर है जिसे कवि की जीवनदृष्टि, जीवनानुभव, स्मृतियों और कल्पना की उड़ान ने रचा है। कवि उसे रचने के लिए स्वतंत्र है। यह अर्जित स्वतंत्रता है जिसकी जड़ें मनुष्य की सृजनात्मकता में धँसी हैं। वह अपने द्वारा रचे गए नगर की संरचना के प्रति किसी और को जवाबदेह नहीं। वह सेब की जगह जूता या चाकू की जगह चाकलेट रख दे, यह निर्णय उसका अपना है। उस नगर के नाक-नक्श वास्तविक नगर से मिलते-जुलते हो भी सकते हैं और नहीं भी। कवि के द्वारा रचे गए इच्छित नगर और वास्तविक नगर के बीच एक द्वैत चला आता है और सम्भवतः नगर की आलोचना इसी का उत्पाद है। राष्ट्रीय डिज़ाइन संस्थान, अहमदाबाद के वरिष्ठ संकाय मिहिर भोले का मानना है कि **कहने को तो हम शहर में जीते हैं, लेकिन एक शहर हमारे अन्दर भी जीता है। हमारे ख्वाबों-ख़यालों का शहर जिसकी सुबहो-शाम, गली-कूचे, इमारतें, बाज़ार, दोस्त-यार सभी पता नहीं कब और कैसे हमारे जीने की वजह बन जाते हैं।** (शहर और संस्कृति, कुछ हकीकत, कुछ जज़्बात : मिहिर भोले, *कादम्बिनी,* नवम्बर 2014, पृ.11) यह बहुत हद तक हो सकता है, बल्कि होता ही है कि कविता का या रचनाकार की कल्पना का नगर समाजशास्त्रियों के शोधपत्र में वैसा ही नहीं दिखाई दे जैसा कि वह था या जैसा कि वह है। लेकिन तथ्यों और आँकड़ों में दिखनेवाला नगर, नगर की आत्मा को नहीं दिखा सकता। रवीन्द्र कालिया को लगता है कि चाहे शहर की काया एकदम बदल जाए पर **शहर की आत्मा आसानी से नहीं बदलती। उनका मत है कि किसी भी शहर की आत्मा उसके इंटीरियर में होती है।** (शहरों की आत्मा उनके इंटीरियर में होती है : रवीन्द्र कालिया, *कादम्बिनी,* नवम्बर 2014, पृ. 19) जैसे इलाहाबाद की आत्मा लोकनाथ में या निराला, पन्त, फ़िराक़, महादेवी, उपेन्द्रनाथ अश्क, अमरकान्त जैसे रचनाकारों में वास करती है।

बिना रचना में झाँके नगर की आत्मा को नहीं पाया जा सकता। प्राचीन काल में कई नगर कैसे थे इसका साक्ष्य अब सिर्फ़ कविता में ही मौजूद है। वो वास्तव में वैसे थे, जैसा कविता बताती है, या उससे भिन्न थे, इसे जानने का कोई और साक्ष्य हमारे पास नहीं है। अगर वो नगर वैसे नहीं थे तब भी उस समय के मनुष्य की इच्छा में, उसकी कल्पना में वो नगर वैसे थे, कम-से-कम कविता इसका पता तो देती ही है। प्राचीन काल में भारतीय मनुष्य ने जिस नगर की कल्पना की इसका साक्ष्य तो कम-से-कम कविता देती ही है। कविता के नगर का, ज़रूरी नहीं कि हमेशा कोई नाम हो ही, वह कवि के द्वारा देखे गए कई नगरों के विवरणों या कवि की स्मृति में रहे आए कई नगरों का एक कोलाज हो सकता है। शायद इसीलिए किसी एक ही नगर पर किसी एक ही समय के कवियों द्वारा लिखी गई कविता में उसकी शक्ल बहुत अलग-अलग दिखाई दे सकती है, देती है। वस्तुतः अलग-अलग जीवनदृष्टि और अलग-अलग कोण से देखे गए नगर के अलग-अलग आयाम उजागर हो सकते हैं, होते हैं।

रामकथा या महाभारत को लेकर प्राचीन काल से वर्तमान तक अलग-अलग समय में अलग-अलग भाषाओं में, अनेक कवियों द्वारा कई महाकाव्य, खंडकाव्य, काव्य-नाटक या कविताएँ रची गईं। इनके आख्यानों में, स्थितियों की व्याख्याओं में ही अन्तर नहीं है, इनमें आए एक ही नगर के विवरण में, उसके बसने और उजड़ने के वर्णनों और विवरणों में भी अन्तर हैं। इन कवियों की जीवनदृष्टि और जीवनानुभत्र का अन्तर ही इसका कारण नहीं है। हो सकता है कि इन कवियों के समय में जो अन्तर है, उसने भी कहीं न कहीं नगर-विवरणों को निर्धारित किया होगा। कविता के नगर पर विचार करते हुए उसमें समय और स्पेस के सम्बन्ध पर विचार करना दिलचस्प भी हो सकता है और महत्त्वपूर्ण भी। एक ही मिथक से जुड़े आख्यान के केन्द्र में उपस्थित नायक का समय चाहे सभी महाकाव्यों, खंडकाव्यों, काव्यनाटकों और कविताओं में चाहे एक ही हो लेकिन कवि का अपना समय बदल जाने के साथ-साथ आख्यान के केन्द्र में उपस्थित स्थान या स्पेस का विवरण कुछ हद तक बदल जाता है। इसलिए वास्तविक और काल्पनिक का सम्बन्ध भी रचे जा रहे नगर में बदल जाता है। वाल्मीकि, कालिदास, तुलसी और केशवदास या माधव कन्दली रामायण और कृतिवास रामायण में अयोध्या के वर्णन में अन्तर को लक्ष्य किया जा सकता है। वेदव्यास की महाभारत और सरलादास की महाभारत या भास के काव्यनाटकों में हस्तिनापुर एक जैसा नहीं है।

यह बात जितनी महाकाव्यों के नगर पर लागू होती है उतनी ही आधुनिक हिन्दी कविता के नगर पर भी लागू होती है। समय के साथ-साथ जिस तरह वास्तविक नगर बदलता रहा है उसी तरह कविता का नगर भी परिवर्तित होता रहा है। यही नहीं, देखने का दृष्टिकोण भी नगर के बारे में धारणा को बदल देता है। सुनील खिलनानी

का यह मत महत्त्वपूर्ण है कि **समकालीन भारत के सभी प्रमुख शहर उपनिवेशवाद की रचना होने के साथ-साथ उसके प्रत्युत्तर भी हैं।** (शहर और सपना, *भारतनामा* : सुनील खिलनानी, पृ. 123) यह मत आधुनिक भारतीय शहर के बारे में गांधी और अनेक गांधीवादी विचारकों के दृष्टिकोण से बहुत भिन्न है। उन्होंने औपनिवेशिक दौर में बनाए गए शहरों को औपनिवेशिक सोच की संरचना मान लिया, उसके अन्तर्विरोधों को देखने की कोशिश नहीं की। यह समझने की भी बहुत कोशिश नहीं की कि किसी भी शहर की संरचना, उसके भूगोल और उसमें रहने वाले समाज की संस्कृति, सभ्यता और परम्पराओं से भी निर्धारित होती है। खिलनानी मानते हैं कि **राष्ट्रवादी कल्पनाशीलता ने जिस शहर को रचा, वह अंग्रेजों के शहर की भाँति केवल नाम का शहर नहीं था। भारत की राजनीति और आर्थिक विकास को कई बार पश्चिमी तौर-तरीकों की फीकी नकल मान लिया जाता है, लेकिन यह मान्यता उस समय खंडित हो जाती है जब उसका सामना ज़िन्दगी से धड़कते हुए भारतीय शहरों से होता है।** (वही, पृ. 124) इसी लेख में आगे उन्होंने लिखा कि **उनकी आधुनिकता अपने आप में न तो खालिस है और न ही खुशनुमा। यह आधुनिकता विभाजित और अशान्त है।** (वही, पृ. 124) वस्तुतः आधुनिक हिन्दी कविता का नगर इसी विभाजित और अशान्त आधुनिकता से बना है। इसलिए जो लोग आधुनिक हिन्दी कविता की आधुनिकता पर बार-बार पश्चिम की नकल का आरोप मढ़ते रहते हैं वे वस्तुतः भारतीय नगर की आधुनिकता के इस वास्तविक चरित्र को ही नहीं समझ पाते हैं।

नगर एक वृत्ति है, एक प्रवृत्ति और व्यवहार भी

उदयनारायण राय ने **प्राचीन भारत में नगर तथा नगर-जीवन** में लिखा है कि **ईसा पूर्व पाँचवीं शताब्दी से अनेक शास्त्रों का पृथक धाराओं में उन्नत होना देखा जा सकता है : यथा धर्मशास्त्र, अर्थशास्त्र, कामशास्त्र, वेदांगभूत शिक्षादि (विशेषतः व्याकरण) मोक्षप्रतिपादक अनेक समुदायों के आगम आदि। उनमें अर्थशास्त्र तथा कामशास्त्र का विकास विशेष रूप में नागरिक जीवन पर आधारित था। इसी प्रकार काव्य तथा कला की प्रगति का भी नागरिक जीवन से अन्तरंग सम्बन्ध रहा है।** (प्राचीन भारत में नगर तथा नगर-जीवन : उदयनारायण राय, उपसंहार, पृ. 356) वस्तुतः क्लासिक कविता में दो ही समाज प्रमुखता से दिखाई देते हैं, नगर-समाज और आरण्यक समाज। हालाँकि ऋग्वैदिक समाज में खेती प्रारम्भ हो चुकी थी। ऋग्वेद के परवर्ती अंशों में कृषिकर्म का उल्लेख मिलता है। लेकिन जैसा रोमिला थापर का मानना है कि **कृषि अर्थव्यवस्था को कृषक समाज से पृथक जानना चाहिए क्योंकि कृषि अर्थव्यवस्था में कृषक की कतिपय जिम्मेदारियाँ होती हैं जबकि कृषक समाज में ऐसा नहीं होता।** (वंश से राज्य तक : रोमिला थापर, पृ. 25) पाणिनि भी नगर और ग्राम में भेद करते हैं। **मृच्छकटिक** में भी इस भेद को रेखांकित किया गया है। कालिदास नागर वृत्ति का भी उल्लेख करते हैं। और उसे ग्राम-बोध से अलग करते हैं। मुझे लगता है कि नगर जब कविता में आता है तो वह मात्र एक स्पेस, एक स्थान या एक भौगोलिक क्षेत्र-भर नहीं होता, वह एक वृत्ति भी है, एक प्रवृत्ति है, व्यवहार है। नागर व्यवहार आधुनिक है, लोकतांत्रिक है और सामन्ती पिछड़ेपन का विरोधी भी। वह नागरिक के पूरे आचार-व्यवहार से व्यक्त होता है। उसके पहरावे में, उसके बोलने, उठने-बैठने के ढंग में यहाँ तक कि आचार्य हजारीप्रसाद द्विवेदी के पद को थोड़ा खींचें तो कहा जा सकता है कि वह उसकी चाल के छन्द से भी व्यक्त होता है। कविता वस्तुतः अपने भाषा-व्यवहार और शिल्प में भी नागर होती है। **अभिज्ञान शाकुन्तलम**

में राजा विदूषक से कहता है कि हंसपादिका जो मुझसे रूठ गई है को नागर वृत्ति से प्रसन्न करो। **यहाँ नागर वृत्ति का अर्थ नगर में रहने वालों के विदग्ध व्यवहार तथा वाक्पटुता से है।** (प्राचीन भारत में नगर तथा नगर-जीवन : उदयनारायण राय, पृ. 357) कालिदास के ही नाटक **मालविकाग्निमित्रम्** में दो पात्र गणदास और हरदत्त के बीच विवाद हो जाता है। दोनों ही एक दूसरे से अपने को अधिक ज्ञानी और श्रेष्ठ सिद्ध करना चाहते हैं। दोनों चाहते हैं कि राजा न्याय करे। दोनों आचार्य राजा से निवेदन करते हैं कि राजा अपना निर्णय दे। लेकिन राजा कहता है कि अगर हम निर्णय करेंगे तो देवी समझेंगी कि हमने पक्षपात किया है इसलिए उनके और पंडिता कौशिकी के सामने ही निर्णय किया जाना चाहिए। देवी और कौशिकी के दरबार में आ जाने के बाद राजा परिव्राजिका को सम्बोधित करके कहता है :

राजा : भगवती! आचार्य हरदत्त और गणदास आज एक झगड़ा ले आए हैं कि हम दोनों में कौन अधिक योग्य है, अब आप ही इनका झगड़ा निपटाइए।

परिव्राजिका : (मुस्कुराकर) ठिठोली न कीजिए। भला नगर के होते हुए कहीं रत्न की परख गाँव में की जाती है? (मालविकाग्निमित्रम् : कालिदास ग्रन्थावली : आचार्य सीताराम चतुर्वेदी, पृ. 251) इस अकेले वाक्य के अनेक भाष्य हो सकते हैं। इसका एक अर्थ तो यह लिया ही जाता रहा है कि रत्न की परख नगर में ही हो सकती है। कला और संस्कृति की दृष्टि से नगर का महत्त्व गाँव से अधिक हुआ करता था। लेकिन इसमें नगर के प्रति एक आलोचनात्मक टिप्पणी भी छिपी हुई लगती है। कालिदास वस्तुत: एक नागर कवि हैं। मुझे लगता है कि कालिदास को क्लासिक कविता का पहला और मुकम्मिल नागर कवि कहा जा सकता है। उनकी कविता में अनेक नगरों का वर्णन है यथा अलकापुरी, अवन्ति, उज्जयिनी, विदिशा, अयोध्या, अमरावती, मगध, मिथिलापुरी, आदि। नागर वृत्तियों के विवरण हैं। कभी-कभी तो उसे पढ़ते हुए लग सकता है कि यह हमारी आज की नागर वृत्तियों का ही वर्णन किया जा रहा है। **मेघदूत** पढ़ते हुए मुझे अक्सर लगता है कि यह कविता एक किस्म से यात्रा-संस्मरण भी है। मेघ द्वारा की गई यात्रा में पड़ने वाले नगर और ग्राम, पर्वत और नदियाँ सभी कुछ वहाँ दर्ज़ हैं। किसी भी छोटी से छोटी चीज या स्थान को अलक्ष्य नहीं किया गया है।

मेघदूत के पूर्वमेघ के 24वें श्लोक में विदिशा का उल्लेख मिलता है :

ख्यात राजधानी विदिशा है बन्धु वहाँ की
दिशा दिशा में फैली यश की कथा जहाँ की
नदी बेतवा पास उसी के बहती होगी
तुम्हें हेरती सी आतुर वह रहती होगी।

(मेघ-सन्देश : अनुवाद : डॉ. राधावल्लभ त्रिपाठी, पृ. 32)

इसके बाद 25वें श्लोक में उसी के पास एक पहाड़ का वर्णन है जिस पर मेला लगा होगा :

आते जाते तुम्हें दिखेंगे पैसे वाले
रसिया नागर मस्ती मौज मनाने वाले
पर्वत पर वे सैर सपाटे करने आए
पैसे फेंक संगिनी साथ में अपने लाए
पैसे वालों को भोगों की कहाँ कमी है
कोठिरियाँ पर्वत पर इनके लिए बनी हैं
वे इनके आने पर सुरतगन्ध उगलेंगी
उच्छृंखल यौवन की निन्दित कथा कहेंगी।

(वही, पृ. 33)

भारतीय मानस वस्तुतः आख्यान–उन्मुख मानस है। अपने सिद्धान्त, विचार, व्याख्याएँ और दर्शन भी वह आख्यान में रूपान्तरित करके ही प्राप्त करता है। कथागायकी की प्रदीर्घ परम्पराएँ और प्रवचन में भी कथा और विचार एक दूसरे के साथ मिलजुल कर चलते नज़र आते हैं। शायद इसीलिए महाकाव्य के विघटन के बावजूद हिन्दी कविता में कविता और कथा का पूरी तरह से तलाक कभी नहीं हुआ। प्रसंगवश यहाँ यह कह देना अनुचित न होगा कि कथा का आख्यान और कविता के आख्यान में एक महीन–सा फ़र्क रेखांकित किया जा सकता है। नगरों की सृष्टि को लेकर रची गई कविता में भी इसे लक्ष्य किया जा सकता है। नगर निवासियों ने नगरों के इतिहास को इतिहासेत्तर मिथकों से जोड़कर नगर को मनुष्य निर्मित निर्मिती तक सीमित नहीं रहने दिया। मिथकीय स्मृतियों ने उसे समयातीत बना दिया। भारतीय कविता की यह भी एक बड़ी विशेषता, क्लासिक कविता से आधुनिक कविता तक निरन्तर देखी जा सकती है कि वह मिथकीय और इतिहास की स्मृतियों को बड़ी कुशलता से कविता की संरचना में गूँथ देती है। कालिदास के **मेघदूत** के तीसवें श्लोक में उज्जयिनी के वर्णन में इसे लक्ष्य किया जा सकता है :

उसे पार कर पा जाओगे देश अवन्ती
वही मालवा कहलाता, जिसमें रसवन्ती
गाँव गाँव में कहें कहानी बूढ़े ज्ञानी
राजा उदयन की, जो है विख्यात पुरानी
उसी देश की वैभवशाली है रजधानी
उज्जयिनी पृथ्वी भर की जानी पहचानी
बड़ी चढ़ी है, इसीलिए है नाम विशाला
पहनाई लक्ष्मी ने उसको शोभामाला।

लोग कहा करते हैं स्वर्ग गए थे पुरखे
अपने पहले, और वहाँ थे जिनने चक्खे
भाँत भाँत के भोग। पुण्य चुकने को आए
शेष बचे पुण्यों के बदले में तब लाए
कोना एक स्वर्ग का, लाकर उसे बसाया
कोना वही धरा पर उज्जयिनी कहलाया।[1]

(वही, पृ. 38)

इसी तरह अलकापुरी के वर्णन में सात-सात मंजिला नभचुंबी इमारतों का वर्णन किया गया है। नगरों के वर्णन में बहुत बार ऐसा लगता है कि कल्पनाओं ने उन्हें कुछ अधिक ही विस्तार दे दिया होगा। **शाकुन्तल** में इसी तरह हस्तिनापुर को एक भीड़ भरा नगर बताया गया है। **कतिपय प्राचीन ग्रन्थों में नगरों की जनसंख्या का उल्लेख काव्यात्मक रूप से किया गया है, उदाहरणार्थ—कुमारपालचरित के लेखक ने कहा है कि अणहिलपत्तन के नागरिकों की संख्या को गिनना वैसे ही असम्भव है जैसे समुद्र की बूँदों की गणना असम्भव है** (प्राचीन भारत के नगर तथा नगर-जीवन : उपसंहार : उदयनारायण राय, पृ. 359)।

कालिदास का विदिशा जब 90 के दशक में आई कवि नीलेश रघुवंशी की कविता में आता है तो उसकी शक्ल बदल जाती है। अब विदिशा राजधानी नगर नहीं है। नीलेश रघुवंशी नई प्रौद्योगिकी की नज़र से विदिशा को देखती हैं। वहाँ बेतवा नदी भी है लेकिन उसके किनारे मटमैले हो चुके हैं। सड़कों पर ट्रैक्टर ट्राली है, मोटरसाइकिलें हैं। बस स्टैंड पर भारी भीड़ है गहमागहमी है। कैमरे के सामने लोग विदिशा की बदहाली का बयान कर रहे हैं। कविता में विदिशा जिले की समस्याओं पर आधारित एक वृत्तचित्र बनाया जा रहा है। पानी, बिजली, सड़क, अतिक्रमण और उद्योग-धन्धे को लेकर लोग शिकायतें कर रहे हैं। इस नए विदिशा का दृश्य भी भीड़-भरा है लेकिन यहाँ जनसंख्या का उल्लेख काल्पनिक नहीं है :

निम्न मध्यवर्गीय लोग हाथों में झोला लिए हुए
बस स्टैंड जीर्ण शीर्ण टूटी-फूटी बसें वैसे ही रुग्ण पशु
बसों से टिक हाथ हिलाते लोग कुछ बस पर चढ़ते कुछ आते जाते
प्रतीक्षालय में है एक झुंड सबसे बेखबर गोटियाँ खेलता
ठसाठस भरी दुकानें सँकरी गलियाँ पहले तो कभी लगीं नहीं इतनी सँकरी
ये महिलाएँ आज भी इतनी सटी-सटी और कोने में दबककर क्यों चलती हैं
देखो तो सही सर पर झोला धरे टकराने से बचतीं
कैसी सहमी-सहमी सी चली जा रही हैं

1. मेघ-सन्देश ('मेघदूत' का अनुवाद) : डॉ. राधावल्लभ त्रिपाठी।

उन्हीं की तरह सड़क पर उदास बैठी है गाय और उसके ऐन बगल में
साइकिल वाला कैरियर पर रस्सी का झुंड दबा रहा है

(अन्तिम पंक्ति में : नीलेश रघुवंशी, किताबघर प्रकाशन, नई दिल्ली, प्रथम संस्करण, 2008)

इस दृश्य के साथ ही कविता में इस नगर की प्राचीनता के अवशेषों का भी हवाला है। अतीत की बची हुई स्मृतियाँ हैं। लेकिन शहर का वर्तमान बदल चुका है। उसकी प्रवृत्तियाँ भी बदल रही हैं। इसलिए कविता का शहर भी बदल गया है।

नगरीकरण के साथ-साथ नागरिकों की प्रवृत्तियों में भी कई तरह के बदलाव आते हैं। प्राचीन कविता के नगर-बोध, और नगर-वृत्तियों और समकालीन कविता के नगर-बोध और प्रवृत्तियों में परिवर्तन हुआ है। सामाजिक संरचना में होने वाले बदलाव के साथ-साथ नगर-वृत्तियों में, आचार-व्यवहार में भी बदलाव आते हैं। यही नहीं पुराने नगर जो तेज़ी से बड़े होते जा रहे हैं, उसके नागरिकों के आचार-व्यवहार में बदलाव आ रहा है। पुराने व्यवहार बदल रहे हैं। साठोत्तरी कविता-पीढ़ी के कवि चन्द्रकान्त देवताले की कविता **नींबू माँगकर** इन बदलते हुए व्यवहारों को चिन्हित करती है :

बेहद कोफ़्त होती है इन दिनों
इस कॉलोनी में रहते हुए
जहाँ हर कोई एक दूसरे को
जासूस कुत्ते की तरह सूँघता है
अपने-अपने घरों में बैठे लोग वहीं से कभी-कभार
टेलीफ़ोन के ज़रिए अड़ोस-पड़ोस की तलाशी लेते रहते हैं
हर चेहरे पर एक मुस्कान चिपकी रहती है

इसी कविता की अगली पंक्तियाँ हैं :
पुरानी बस्ती में कोई दिन नहीं जाता था
कि बड़ी फज़र ही कुंडी नहीं खटखटाई जाती
और कोई बच्चा हाथ में कटोरी लिये नहीं कहता बुआ
माँ ने चाय पत्ती मँगाई है/किसी के यहाँ आटा खुट जाता
और कभी ऐन छौंक के पहले/प्याज-लहसुन या अदरक की गाँठ की माँग होती

रोज़मर्रा की ऐसी माँगा-टुंगी की फ़ेहरिस्त लम्बी है, उसमें तुलसी के पत्ते, कढ़ी नीम, बेसन, बड़ा भगोना, बाम की शीशी और दस-बीस रुपये के साथ सुख-दुख भी शामिल हैं। लेकिन शहर की काया बदलने के बाद इस नई कॉलोनी में :

सभी घरों में अपने अपने बाज़ार हैं और बैंकें भी
पर नींबू शायद ही मिले
हाँ! नींबू
एक सुबह मैं इसी को माँगने दो तीन घर गया

लेकिन कवि को नींबू कहीं नहीं मिला। तरह-तरह के जवाब मिले। यहाँ तक कि जिनके घर में नींबू का पेड़ था उन्होंने भी उसे नींबू नहीं दिया। कवि फ़ोन लगाकर यह बात अपनी पत्नी-कमा को बताता है। कविता का अन्तिम अंश है :

बुदबुदाया इतने घर और एक नींबू तक नहीं
उज्जैन फ़ोन लगाकर
कमा को बताया यह वाकया
वहीं से वह बड़बड़ाई
वहाँ माँगा-देही का रिवाज़ नहीं
समझाया था पहले ही
फिर भी तुम बाज नहीं आए आदत से अपनी
वहाँ इन्दौर में नींबू माँगकर तुमने
यहाँ उज्जैन में मेरी नाक कटवा दी।

(जहाँ थोड़ा-सा सूर्योदय होगा : कविता संकलन : चन्द्रकान्त देवताले, पृ. 216-217)

कविता का नगर उतना ही प्राचीन है जितनी प्राचीन स्वयं कविता है

वैदिक ऋषियों ने भी कई कविताएँ रची थीं लेकिन आदि कवि तो वाल्मिकी को ही कहा गया है और पहला महाकाव्य **रामायण** को माना जाता है। इस मान्यता को स्वीकार करें तो माना जा सकता है कि कविता और नगर का सम्बन्ध आदिकाल से ही रहा है। हालाँकि अयोध्या का उल्लेख ऐतरेय ब्राह्मण में भी मिलता है। वाल्मिकी रामायण में अयोध्या के वैभव का भी विस्तृत वर्णन है और उसके उजड़ने की गाथा और पुनः बसने की गाथा भी।

कोशलो नाम मुदितः स्फीतो जनपदो महान्।
निविष्टः सरयूतीरे प्रभूतधनधान्यवान्॥
अयोध्या नाम नगरी तत्रासील्लोकविश्रुता।
मनुना मानवेन्द्रेण या पुरी निर्मिता स्वयम्॥
आयता दश च द्वे च योजनानि महापुरी।
श्रीमती त्रीणि विस्तीर्णा सुविभक्तमहापथा॥
राजमार्गेण महता सुविभक्तेन शोभिता।
मुक्तपुष्पावकीर्णेन जलसिक्तेन नित्यशः॥

(बालकांड, पंचम सर्ग, श्रीमद् वाल्मीकीय रामायण, पृ. 39)

(कोशल नाम का एक विस्तृत जनपद है
सरयू के किनारे बसा हुआ
प्रचुर धनधान्य से सम्पन्न सुखी
और समृद्धिशाली।
उसी जनपद में अयोध्या नाम की नगरी है
जो सभी लोकों में विख्यात है
स्वयं मनु ने बनवाया और बसाया था

उस पुरी को।
वह महापुरी बारह योजन लम्बी और तीन योजन चौड़ी थी
उसमें कई अन्य नगरों को जाने वाले महापथ
और राजमार्ग हैं।
उन रास्तों पर हमेशा ही खिले फूल बिखरे रहते हैं
और नित्य छिड़काव होता है।)

(वही, पृ. 39)

अयोध्या की तुलना इन्द्र द्वारा बसायी गई अमरावतीपुरी से की गई है। यानी स्वर्ग का नगर भी पृथ्वी के नगर का ही एक रूपक है। धर्म और न्याय के बल से अयोध्या को राजा दशरथ ने विशेष रूप से बसाया। दशरथ की अयोध्या ठीक-ठीक मनु द्वारा बसायी गई अयोध्या नहीं थी, वह उससे भिन्न और ज्यादा उन्नत अयोध्या थी। ज्यादा वैभवशाली अयोध्या। इसके अनेक संकेत यहाँ मिलते हैं। इस अयोध्या में बड़े-बड़े दरवाजे थे और उनमें किवाड़ भी लगे थे। इस अयोध्या में कई बाजार थे। वहाँ अनेक प्रकार के यंत्र तथा अस्त्र-शस्त्र थे। इस पुरी में सभी कलाओं के शिल्पी निवास करते थे।

वहाँ स्तुति पाठ करने वाले सूत और वंशावली का बखान करने वाले मागध थे। उस नगरी की शोभा अतुलनीय थी। वहाँ ऊँची-ऊँची अट्टालिकाएँ थीं जिनके ऊपर ध्वज फहराते रहते थे।

वहाँ सैंकड़ों शतघ्निनियाँ थीं। (गीताप्रेस द्वारा प्रकाशित वाल्मिकी रामायण और चौखम्बा संस्कृत प्रतिष्ठान द्वारा श्री पंडित रामतेज पांडेय की टीका में शतघ्निनियों का अनुवाद तोप किया गया है।)

इसको समतल ज़मीन पर बसाया गया था। इस नगरी की संरचना के बारे में कहा गया है कि वह द्यूतफलक की तरह थी। बीच में राजमहल था। उसके चारों ओर राजवीथियाँ थीं। उदयनारायण राय का मानना है कि अयोध्या के बारे में वाल्मिकी के वर्णन से इतना स्पष्ट है कि उनके समय में नगर-वास्तु का वैज्ञानिक रूप निर्धारित हो चुका था। वाल्मिकी रामायण में इसके आर्थिक पक्ष पर भी संकेत किए गए हैं कि कर देने वाले सामन्त नरेशों के समुदाय उसे घेरे रहते थे। और अनेक देशों के वैश्य भी यहाँ बसे हुए थे। यह वर्णन दिलचस्प हो सकता है कि वहाँ बहुत-सी नाट्य मंडलियाँ थीं जिनमें सिर्फ़ स्त्रियाँ ही नृत्य और अभिनय करती थीं।

इसके नागरिकों के बारे में लिखा गया है कि उनमें कोई भी मनुष्य कामी, कृपण, क्रूर, मूर्ख और नास्तिक नहीं था। यहाँ तक कहा गया है कि ऐसा कोई नहीं था जो नहा-धोकर साफ सुथरा न रहता हो। जिसके अंगों में चन्दन का लेप न हुआ हो, जो सुगन्ध से वंचित हो। हर मनुष्य अग्निहोत्र यज्ञ करता था। तथा वहाँ कोई चोर

या वर्ण संकर नहीं था। तरह-तरह के श्रेष्ठ पशुओं—हाथी, घोड़े, हिरन आदि का भी विस्तार से वर्णन है।

यह भी कहा गया है कि इसका अयोध्या नाम सत्य एवं सार्थक था। (जहाँ के राजाओं को युद्ध में कोई परास्त नहीं कर सकता था, इसी से इसका नाम अयोध्या हुआ।) इसके दरवाजे और अर्गलाएँ मजबूत थीं। रोमिला थापर का मत है कि बालकांड में अयोध्या का वर्णन ई.पू. प्रथम सहस्त्राब्दी के मध्य के नगर का है। उनके मतानुसार रामायण अन्य बातों के अलावा एक ऐसा महाकाव्य है जिसने एकतंत्र राज्य को वैधता प्रदान करने का कार्य किया है। (वंश से राज्य तक : रोमिला थापर, पृ. 115)

अयोध्या के वाल्मिकी के विवरण के बारे में ए.के. रामानुजम (द कलेक्टेड एसेस ऑफ ए.के. रामानुजम : एडिटेड बॉय विनय धारवाडकर) का मत है कि वह पारम्परिक और आदर्शवादी है। उसकी रत्नजड़ित गगनचुम्बी इमारतों आदि का वर्णन वास्तविक नगर का निषेध करता है। पहली दृष्टि में यह एक अवास्तविक आख्यान लगता है। इसी तरह लंका के वर्णन में स्वयं लंका कहती है कि मैं लंका नगर हूँ। इस तरह नगर की संरक्षक आत्मा, नगर की आत्मा की तरह, नगर के बेजोड़ और संगठित चरित्र के बारे में अपने को अभिव्यक्त करती है। रामानुजम मानते हैं कि आयोध्या एक आदर्श नगर का बिम्ब है। लेकिन समाजविज्ञान में शोध करने वालों के लिए वह तथ्यात्मक नहीं दिखाई पड़ता। और उसका वर्णन आधुनिक यथार्थवादी उपन्यास की तरह यथार्थवादी नहीं है। यहाँ तक कि उसके नागरिकों की वीरता, पशुओं का वर्णन और उनके कार्यकलाप भी केवल एक आदर्शवादी कल्पना है। वह किसी एक ही संस्कृति की चेतना को व्यक्त करता है। वहाँ किसी प्रकार की मत-भिन्नता और विद्रोह की सम्भावना भी नज़र नहीं आती। वाल्मिकी तो यह तक कहते हैं कि वहाँ कोई नास्तिक नहीं था, चोर नहीं था और यहाँ तक कि कोई वर्णसंकर भी नहीं था।

एक हद तक रामानुजम का तर्क सही लग सकता है। वह एक यथार्थवादी आधुनिक उपन्यास या समाजशास्त्रीय तथ्यात्मकता की दृष्टि से विचार करते हैं। लेकिन कविता का अपना तर्क और अपना सत्य इससे भिन्न होता है। वह यथार्थ का निषेध नहीं करता बल्कि उसे पुनर्रचित करता है और उसे उसकी पंक्तियों के बीच पढ़ा जाना चाहिए। वह यथार्थ का अनुकरण करने की कला नहीं है। मुझे लगता है कि वाल्मिकी और तुलसी या कालिदास की अयोध्या मात्र एक नगर नहीं, एक इच्छित नगर है, कुछ खास मूल्यों का रूपक है।

तुलसी के **रामचरितमानस** में या कालिदास के **रघुवंशम्** में वाल्मिकी की तरह अयोध्या के वैभव का वैसा वर्णन नहीं है या बहुत कम है। वाल्मिकी की अयोध्या में गगनचुम्बी अट्टालिकाएँ हैं लेकिन मध्यकाल के कवि केशवदास की **रामचन्द्रिका** की अयोध्या के सब घर सम ऊँचाई के बने हैं। वाल्मिकी से तुलसी और केशव तक

आते हुए अयोध्या का वर्णन बदलता रहता है। हर कवि की अयोध्या भिन्न है। वह कवि द्वारा सिरजी गई अयोध्या है।

दो

रघुवंशम् में राम की मृत्यु के बाद अयोध्या के उजाड़ हो जाने का वर्णन भी विस्तार से मिलता है। इसकी सड़कें, गलियाँ, महल, जलाशय, वाटिकाएँ, फलों के बागीचे उजड़ गए थे, और नगरदेवी अपने भाग्य पर विलाप करती है। रघुवंश गुप्तकाल की रचना है। रामशरण शर्मा के मतानुसार रामायण पहले की रचना हो सकती है। उनका मत है कि कवियों के दरबारी जीवन से जुड़े होने के कारण (पाँचवीं-छठी शताब्दी) नगरों के व्यापक पतन का काव्यों में प्रतिबिम्बन नहीं हुआ, या कम हुआ। लेकिन फिर भी इसके संकेत मौजूद हैं—राम के वनगमन के बाद वाल्मिकी ने अयोध्या का जो वर्णन किया है उससे उसके उजड़ने के संकेत मिलते हैं। रघुवंशम् में अयोध्या के उजड़ने और राम के पुत्र कुश द्वारा उसे पुनः बसाए जाने का भी वर्णन है। अयोध्या की नगरदेवी कुश के पास एक रात को स्वयं आकर कहती है कि मैं अयोध्यापुरी की नगर देवी हूँ। **हे राजन्! जब भगवान राम वैकुण्ठ जाने लगे, तब जिस निर्दोष अयोध्यापुरी के निवासियों को वे अपने साथ लेते गए, उसी अनाथ अयोध्यापुरी की मैं नगरदेवी हूँ। पहले अच्छा राज होने के कारण मैं इतनी ऐश्वर्यशालिनी हो गई थी कि मेरे आगे कुबेर की अलकापुरी भी फीकी लगती थी, पर आजकल तुम्हारे जैसे प्रतापी राजा के रहते हुए भी मेरी बड़ी बुरी दशा हो गई है। गृहस्वामिनियों के न रहने से कोठे-अटारियों के टूट जाने के कारण मेरी निवासभूमि अयोध्या ऐसी उदास लगती है जैसे सूर्यास्त के समय वह संध्या, जिसमें वायु वेग से इधर-उधर छितराए हुए बादल दिखाई देते हों। रात के समय पहले जिन सड़कों पर चमकते हुए बिछुओंवाली अभिसारिकाएँ चला करती थीं, उन्हीं पर आजकल ऐसी सियारिनें घूमती हैं, जिसके मुख से चिल्लाते समय चिनगारियाँ निकली पड़ती हैं।** (रघुवंशम् : सोलहवाँ सर्ग, कालिदास ग्रन्थावली : सीताराम चतुर्वेदी, पृ. 151)

इसी वर्णन में आगे कहा गया है कि **जिन बहुत से खम्भों पर स्त्रियों की मूर्तियाँ बनी हुई थीं उन मूर्तियों का आजकल सारा रंग उड़ गया है। उन खम्भों को चन्दन का वृक्ष समझ कर जो साँप उनसे जा लिपटे थे, उनकी केंचुलें छूट छूट कर उन मूर्तियों से सट जाने के कारण वे ऐसी लगती हैं, मानो उन पत्थर की स्त्रियों ने स्तन ढकने के लिए कोई कपड़ा डाल लिया हो। जिन भवनों पर कभी मोती की माला के समान शुभ्र चाँदनी चमका करती थी, उन पर अब चाँदनी भी नहीं चमकती, क्योंकि बहुत दिनों से मरम्मत न होने के कारण कोठों के चूने का रंग काला पड़ गया है और उन पर जहाँ-तहाँ घास जम गई है।** (कालिदास ग्रन्थावली : अनुवाद आचार्य सीताराम चतुर्वेदी, पृ. 152)

तीन

तुलसीदास मध्यकाल के कवि हैं। हालाँकि रामकथा और राम का समय नहीं बदला है। वाल्मिकी हों, कालिदास या तुलसीदास, रामकथा का काल तो त्रेता ही है। लेकिन कवि का समय बदल गया है इसलिए नगर के वर्णन में भी फर्क आ गया है। कहीं न कहीं कल्पना भी अपने यथार्थ से संचालित तो होती ही है। तुलसीदास में अयोध्या का वर्णन राम के वापस अयोध्या लौट आने और रामराज्य की स्थापना के बाद आता है। आलोचक डॉ. अजय तिवारी ने एक व्याख्यान में महत्त्वपूर्ण बात कही थी कि **रामचरितमानस** में तुलसी के लिए राजा राम महत्त्वपूर्ण नहीं हैं, संघर्ष करते, जंगलों की खाक छानते और राक्षसों का वध करके जनता का दुख दूर करते राम महत्त्वपूर्ण हैं। शायद इसीलिए अयोध्या लौट आने के बाद ही अयोध्या का संक्षिप्त-सा वर्णन मानस में आता है।

अवधपुरी बासिन्ह कर सुख सम्पदा समाज।
सहस सेष नहिं कहि सकहिं जहँ नृप राम बिराज॥

(रामचरितमानस : तुलसीदास, गीताप्रेस गोरखपुर, पृ. 897)

जहाँ राम राजा हो कर बिराजे हैं, उस अवधपुरी के निवासियों के सुख-सम्पत्ति के समुदाय का वर्णन हजारों शेष भी नहीं कर सकते।

मनि दीप राजहिं भवन भ्राजहिं देहरीं बिद्रुम रची।
मनि खम्भ भीति बिरंचि बिरची कनक मनि मरकत खची॥
सुन्दर मनोहर मंदिरायत अजिर रुचिर फटिक रचे।
प्रति द्वार द्वार कपाट पुरट बनाई बहु बज्रन्हि खचे॥

(वही, उत्तरकांड, पृ. 897)

घरों में मणियों के दीपक शोभा दे रहे हैं। मूँगों की बनी देहरियाँ चमक रही हैं। मणियों के खम्भे हैं। मरकत मणियों (पन्नों) से जड़ी हुई सोने की दीवारें ऐसी सुन्दर हैं, मानो ब्रह्मा ने खास तौर से बनाई हों। महल सुन्दर, मनोहर और विशाल हैं। उनमें सुन्दर स्फटिक के आँगन बने हैं। प्रत्येक द्वार पर बहुत से खरादे हुए हीरों से जड़े हुए सोने के किवाड़ हैं।

सुख सारिका पढ़ावहिं बालक। कहहु राम रघुपति जनपालक॥
राज दुआर सकल बिधि चारू। बीथीं चौहट रुचिर बजारू॥

बालक तोता मैना को पढ़ाते हैं कि कहो—राम रघुपति जन पालक। राजद्वार सब प्रकार से सुन्दर है। गलियाँ, चौराहे और बाजार सभी सुन्दर हैं।

बाजार रुचिर न बनइ बरनत बस्तु बिनु गथ पाइए।
जहँ भूप रमानिवास तहँ की सम्पदा किमि गाइए॥

बैठे बजाज सराफ बनिक अनेक मनहुँ कुबेर ते।
सब सुखी सब सच्चरित सुन्दर नारि नर सिसु जरठ जे॥

(वही, पृ. ८९८)

सुन्दर बाजार है, जो वर्णन करते नहीं बनता : वहाँ वस्तुएँ बिना मूल्य मिलती हैं। जहाँ स्वयं लक्ष्मीपति राजा हों, वहाँ की सम्पत्ति का वर्णन कैसे किया जाय? बजाज, सराफ आदि वणिक बैठे हुए ऐसे जान पड़ते हैं, मानो अनेक कुबेर हों। स्त्री-पुरुष, बच्चे और बूढ़े जो भी हैं, सभी सुखी, सदाचारी और सुन्दर हैं।

उत्तर दिसि जरजू बह निर्मल जल गम्भीर।
बाँधे घाट मनोहर स्वल्प पंक नहिं तीर॥

(रामचरितमानस : तुलसीदास, पृ. ८९९)

नगर की उत्तर दिशा में सरयू बह रही है, जिसका जल निर्मल और गहरा है। मनोहर घाट बँधे हुए हैं, किनारे पर जरा भी कीचड़ नहीं है।

हालाँकि यहाँ भी कल्पना पर ही बल अधिक है। लेकिन उत्तरकांड में दुष्टों का भी वर्णन है, कि दुष्टों के हृदय में बहुत अधिक सन्ताप रहता है। वे परायी सम्पत्ति देखकर सदा जलते रहते हैं। वे जहाँ कहीं दूसरे की निन्दा सुन पाते हैं, वहाँ ऐसे हर्षित होते हैं मानो रास्ते में पड़ी निधि पा ली हो। आदि। इसके अलावा अलग-अलग वर्ण के लोगों और स्त्रियों पर भी कई टिप्पणियाँ हैं। चाहे तुलसी उसे रामराज्य का नहीं कलियुग का सन्दर्भ बना देते हैं लेकिन फिर भी वह मानस का ही हिस्सा है। रामराज्य की जैसी कल्पना मिथक की माँग के अनुरूप आवश्यक थी, उसमें शायद अयोध्या में विद्रोह या नास्तिकता के लिए जगह भी नहीं रही होगी। एक आदर्श राज्य की परिकल्पना ने भी अयोध्या के स्वरूप और संरचना को निर्धारित किया होगा। कहना न होगा कि मध्यकाल के कवियों के वर्णन में फिर भी नगर का चरित्र उतना एकांगी नहीं है। सूर या मीरा की कविता के नगरों में सामाजिक अन्तर्विरोध और विद्रोह के कई संकेत मिल जाते हैं। कुम्भनदास के दो दोहे भी इस विद्रोह या असहमति के संकेत करते हैं :

सन्तन को कहा सीकरी सों काम?
आवत मुख पहनियाँ टूटी, बिसरि गयो हरि नाम॥

(दूसरी पंक्ति का एक पाठ अक्सर सुनने में आता है—आवत जात पहनियाँ टूटी बिसरि गयो हरि नाम)

जिनको मुख देखे दुख उपजत, तिनको करिबे परी सलाम।
कुम्भनदास लाल गिरिधर बिनु और सबै बेकाम॥

(हिन्दी साहित्य का इतिहास : पूर्व मध्यकाल : भक्तिकाल : आचार्य रामचन्द्र शुक्ल, पृ. 141)

चार

मध्यकाल तक की कविता में नगर उसके केन्द्र में होते हुए भी वयस्क नागर संवेदना और नागर समझदारी वहाँ नहीं है या बहुत विकसित नहीं है। वह हमेशा अपने को अभिव्यक्त करने के लिए मिथकीय चरित्रों और मिथकीय आख्यानों का आलम्बन लेती है। इसलिए उसके चरित्रों के साथ आए राजधानी नगर आदर्श नगर की परिधि को नहीं लाँघ पाते। उसमें नगर के अन्तर्विरोध और उसके अँधेरे कोने-कुचाले वहाँ अलक्षित ही रहते हैं। वह बहुत हद तक एकांगी नगर है, एक आदर्श नगर, वह एक उभयभावी जगह या स्पेस नहीं है। आधुनिक काल के साथ कविता के नगर में एक गुणात्मक परिवर्तन होता है। आधुनिक कविता का नगर वस्तुतः नगर का एक क्रिटीक भी तैयार करता है। अयोध्या आज के कवि के लिए किसी मिथकीय आख्यान का आदर्श नगर नहीं है। आज की कविता के लिए अयोध्या एक ऐसा कविता-नगर है जिसमें प्राचीन कविता के मिथकीय आख्यान के सन्दर्भ भी हैं और हमारे समय का यथार्थ भी। लेकिन आज की कविता अयोध्या को आख्यान की आवश्यकता के अनुरूप एक काल्पनिक स्पेस में रूपान्तरित नहीं करती। मिथकीय सन्दर्भ उसके अर्थ का विस्तार करता है और कविता के नगर को एक जादुई वैभव भी देता है।

1990 में अयोध्या में रामजन्म भूमि को लेकर बनी विवादास्पद स्थितियाँ और उथल-पुथल के मध्य लिखी गई कविताओं में अयोध्या एक नए रूप में हमारे सामने आता है। कुछ ऐसी कविताओं के अंश जो 1990 में हुए आन्दोलन और साम्प्रदायिक दंगों के बाद अयोध्या को लेकर लिखी गईं, को देखें तो यह ज्यादा स्पष्ट हो सकेगा।

कैफ़ी आज़मी की कविता **6 दिसम्बर, 1992** का एक अंश है :

पाँव सरयू में अभी राम ने धोए भी न थे
कि नज़र आए वहाँ खून के गहरे धब्बे
पाँव धोये बिना सरयू के किनारे से उठे
राम ये कहते हुए अपने दुआरे से उठे

यहाँ वाल्मिकी के अयोध्या वर्णन में सरयू नदी का वर्णन याद किया जा सकता है।

राजधानी की फ़ज़ा आई नहीं रास मुझे
छह दिसम्बर को मिला दूसरा वनवास मुझे।

(परिवेश : सम्पादक : कुमार सम्भव, मूलचन्द गौतम, अंक 14-15 अप्रैल, 93 से सितम्बर 93 संयुक्तांक, आवरण)

इसी तरह हरिश्चन्द्र पांडे की एक छोटी-सी कविता है—**अयोध्या**।

जहाँ सूर्य वहाँ दिवस
जहाँ राम वहाँ अयोध्या

कितनी बड़ी अयोध्या
सौंप गए थे
तुलसी हमें
कितनी छोटी
रह गई है अयोध्या
मतपेटिका से भी छोटी।

(वही, पृ. 186)

नरेन्द्र पुंडरीक की कविता—**अयोध्या** भी मिथकीय आख्यान की अयोध्या और आज की अयोध्या के फ़र्क को इंगित करती है। उसमें अयोध्या वैसा ही एक नगर है जैसा कोई भी दूसरा नगर है। नरेन्द्र पुंडरीक न केवल अयोध्या को लेकर चली आती मान्यताओं की तरफ इशारा करते हैं बल्कि वास्तविक मनोदशा के साथ उसके अन्तर्विरोधों को भी रेखांकित करते हैं।

अयोध्या नहीं है
किसी ईश्वर का गर्भगृह
अयोध्या एक शहर है
देश के
बाकी शहरों की तरह
ठीक उतना ही जिन्दा
ठीक उतना ही मुरदा
कुछ वैसे ही हँसता
वैसे ही रोता

मोक्ष का शहर होते हुए भी
मरने से डरते हैं शहर के लोग
मरने के डर से भयभीत
जीने के लिए चिन्तित
लोगों का शहर है अयोध्या।

अयोध्या इसलिए नहीं जिन्दा है
कि हजारों साल पहले
यहाँ पैदा हुआ था ईश्वर
अयोध्या अब तक जिन्दा है तो
इसलिए कि यहाँ कभी
हर जगह से भागकर
कुछ दिन ठहरा था एक कवि।

इसी कविता का अन्तिम अंश भी मिथक और वर्तमान के विरोधाभासी सच की ओर इंगित करता है। वस्तुतः 90 के दशक में अयोध्या को लेकर लिखी गई कविताएँ एक बड़ी घटना या दुर्घटना के बीच नए सिरे से एक शहर को तलाशने की कोशिश करती हैं।

अयोध्या राजनीति के जनखों का शहर है
जो संघर्ष करके नहीं
हज़ारों साल पहले पैदा हुए किसी बच्चे का सोहर गाकर
पाना चाहते हैं कुर्सी।

(वही, पृ. 210)

युवा कवि अनिल कुमार सिंह की भारतभूषण अग्रवाल पुरस्कार प्राप्त कविता—**अयोध्या,** अयोध्या को उसके वर्तमान में देखने की कोशिश करती है। इस कविता में इस शहर को लेकर अपने बचपन की स्मृतियाँ भी हैं और वर्तमान में शहर को एक राजनीतिक स्पेस बनाए जाने के प्रति प्रतिरोध भी। उसे यह भी लगता है कि इस शहर को लेकर हिन्दी के कवि कविताएँ नहीं लिखते। अनिल कुमार सिंह उस अयोध्या से इस अयोध्या के फ़र्क को भी रेखांकित करते हैं जो किताबों की अयोध्या है, जिसमें राम रहते थे। रामायण और ऐतरेय ब्राह्मण से लेकर रामचरितमानस तक की कविता में जो अयोध्या नाम का कविता का नगर है, अनिल कुमार सिंह की यह कविता उसका एक नया और समकालीन पाठ तैयार करती है। यह पाठ उसे उसके मिथकीय चरित्र से अलग करता है।

जंगल नहीं है अयोध्या
अयोध्या एक शहर का नाम है
जैसे भोपाल
ट्रेन और बस की खिड़कियों का रिश्ता
नहीं है मेरा इस शहर से
छोटा था तब
दादी के साथ आता था और
अब अकेले आता हूँ इस शहर में

अनिल कुमार सिंह मानते हैं कि सिर्फ़ मोक्ष पाने के लिए ही नहीं, रोटी की खोज में भी लोग यहाँ आते हैं। इसी कविता में वह आगे कहते हैं कि यह शहर सिर्फ़ भेड़ियों की शिकारगाह नहीं है। उनको अफसोस है कि इस शहर पर अब हिन्दी के कवि कविताएँ नहीं लिखते।

जिन्दगी की भागदौड़ है इस शहर में
तमाम अन्य शहरों की तरह ही

श्मशान नहीं हो जाते इलाके
सियारों के फेकरने से
चालू राजनीति का गर्भपात नहीं है अयोध्या

इसी कविता की अगली पंक्तियाँ हैं :

किताबों में होगी वह अयोध्या
जिसमें राम रहते थे और जिन्होंने राजपाट
त्याग दिया था चौदह बरस के लिए
हमारी अयोध्या में हम और हमारे जैसे ही
अन्य लोग रहते हैं
हमारी अयोध्या हमें रोजी रोटी देती है

जिन्दा रखती है
हम उसे पत्नी की तरह प्यार करते हैं
बच्चों की तरह ठुकराती है वह हमें

क्या राम भी राक्षसों के हवाले कर सकते थे इसे कभी
अगर वे सचमुच रहते होते इस शहर में

अयोध्या एक शहर का नाम है
जंगल में नहीं है अयोध्या।

(वही, पृ. 226, 227, 228)

(कविताओं के सभी उद्धरण : परिवेश, त्रैमासिक पत्रिका, अंक 14-15 अप्रैल 93 से सितम्बर 93 तक संयुक्तांक)

इस सन्दर्भ में कुँवर नारायण की अयोध्या 1992, वीरेन डंगवाल की फ़ैज़ाबाद-अयोध्या तथा शलभ श्रीराम सिंह, नन्द चतुर्वेदी, विजय कुमार, विनोद दास की अयोध्या पर लिखी कविताओं को भी याद किया जा सकता है।

देखी तुमरी कासी : एक प्राचीन नगर का आधुनिक पाठ

अलबरूनी ने लिखा था कि काशी 11वीं सदी में उत्तर भारत का एक मुख्य नगर था। काशी के बारे में ठीक-ठीक यह कहना सम्भव नहीं है कि वह कितना प्राचीन है। नगर कथाओं को मिथकीय आख्यानों से जोड़ने के प्रचलन उसे अक्सर समयातीत बना देते हैं। इसलिए नगर का वास्तविक इतिहास तलाश करना मुश्किल हो जाता है। **काशी का इतिहास** के लेखक डॉ. मोतीचन्द्र ने लिखा है कि जैसे-जैसे उन्होंने काशी के इतिहास की तलाश की **वैसे-वैसे पता चलने लगा कि नगरी का इतिहास एक ऐसे रूढ़िगत ढाँचे में ढल गया था जिसमें तीर्थ से सम्बन्धित धार्मिक कृत्यों और पठन पाठन का ही मुख्य स्थान था, इतिहास तो नगर के लिए गौण था, पर छानबीन करने से यह भी पता चला कि वाराणसी का तीर्थ-रूप तो नगरी के अनेक रूपों में एक था। अपनी भौगोलिक स्थिति के कारण वाराणसी का बहुत प्राचीन काल से व्यापारिक महत्त्व था। उसके तीर्थ तथा धार्मिक क्षेत्र बनने के प्रधान कारण निःसन्देह वहाँ के व्यापारी रहे होंगे।** (काशी : इतिहास का परिप्रेक्ष्य : डॉ मोतीचन्द्र, कल्पना : सम्पादक : प्रयाग शुक्ल, 2005, पृ. 36) **जातकों के अनुसार वाराणसी काष्ठ का प्रमुख केन्द्र था। कासिक-चन्दन भी यहाँ का प्रमुख उद्योग था।** मिथकीय आख्यान इतिहास के लिए अड़चन पैदा करता है लेकिन कविता के लिए एक नई कल्पनाशीलता और अपनी परम्परा के साथ नए रिश्ते बनाने के लिए नई सम्भावनाएँ भी पैदा करता है। काशी के बारे में कई मिथकीय आख्यान प्रचलित हैं। एक कथा के अनुसार **काशी की उत्पत्ति के पूर्व भगवान शंकर उसे अपने त्रिशूल पर लादे घूमते रहते थे। जब सृष्टि हो गई तो शिव ने उसे त्रिशूल से उतार कर पृथ्वी के मध्य में रख दिया।** इस कथा में काशी सृष्टि से भी पूर्व का नगर बना दिया गया है। दूसरी कथा काशी के नामकरण को लेकर है कि विष्णु ने पार्वती के मुक्तामय कुंडल गिर जाने से इस क्षेत्र को मुक्त क्षेत्र की संज्ञा दी और इसका नाम काशी किया गया। कहा जाता है कि काशी में मरने के बाद फिर से जन्म लेना होता है,

इसलिए इसे अपुनर्भवभूमि कहा गया है। शिव काशी का त्याग कभी नहीं करते इसलिए यहाँ की भूमि को अविमुक्त-क्षेत्र की मान्यता मिली। (बना रहे बनारस : विश्वनाथ मुखर्जी, पृ. 1) पुराणों में भी काशी के विशद वर्णन हैं। आनन्दकृष्ण के अनुसार नगर का नाम वाराणसी था। काशी जनपद का नाम था। वाराणसी शब्द की अनेक व्युत्पत्तियाँ हैं। वरणावती नदी का उल्लेख अथर्ववेद में आता है।

अग्निपुराण में वर्तमान असी नदी को नासी कहा गया है। पतंजलि (दूसरी सदी ईसवी पूर्व) के अनुसार वाराणसी गंगा तट पर थी। जातकों में भी इसके अनेक नाम मिलते हैं। जातकों में काशी का सुन्दर वर्णन है। इसके चारों ओर प्राकार द्वार, अट्टालक, गोपुर आदि थे। काशी जनपद की राजधानी वाराणसी थी। इसकी सीमा एक ओर मगध से, दूसरी ओर पांचाल से छूती थी। इस प्रकार पश्चिम की ओर इसकी सीमा आधुनिक कानपुर तक मानते थे।

स्कन्दपुराण के काशी खंड के अनुसार दिवोदास ने सभी ब्राह्मण धर्मीय देवताओं को काशी से बाहर कर दिया। और फिर वहाँ सत्य की स्थापना की। केवल शिव काशी में बने रहे। अन्ततः छद्म वेशी विष्णु ने किसी तरकीब से यहाँ देवताओं को पुनः स्थापित किया। शिव ने इसे अविमुक्त क्षेत्र माना। इसीलिए आर्यों के प्रधान देवता अविमुक्तेश्वर शिव कहे जाते हैं। **इसी उथल पुथल के बीच बुद्ध यहाँ आए होंगे और उन्होंने नई धार्मिक चेतना प्रदान की होगी। जैन तीर्थंकर पार्श्वनाथ की तो काशी जन्मभूमि थी। बनारस यक्ष पूजा का बहुत बड़ा केन्द्र था। बौद्ध और जैन साहित्य में इसके बहुत सारे उल्लेख मिलते हैं।** (नित्योत्सवा काशी : राय (डॉ.) आनन्दकृष्ण, कल्पना का काशी अंक : सम्पादक : प्रयाग शुक्ल, 2005, पृ. 40)

काशी आधुनिक हिन्दी साहित्य का एक बड़ा केन्द्र रहा है। भारतेन्दु, जयशंकर प्रसाद और प्रेमचन्द का सम्बन्ध काशी से रहा है। तीनों ही रचनाकारों की कविता और गद्य में काशी को देखा जा सकता है। तीनों रचनाकारों के अपने अलग-अलग पाठ और व्याख्याएँ हैं। भारतेन्दु हरिश्चन्द्र की 1874 ई. में लिखी कविता **देखी तुमरी कासी,** काशी का एक जबरदस्त क्रिटीक प्रस्तुत करती है। वाल्टर बेन्जामिन ने लिखा था कि शहर का पूरा मंजर फ्लीटिंग रियलिटीज़, दौड़ती भागती वास्तविकताओं से भरा है। विजय कुमार ने अनूप सेठी द्वारा लिये गए साक्षात्कार में कहा है कि **बेंजामिन की एक और बात मुझे महत्त्वपूर्ण लगती है जब वे कहते हैं कि शहर जो कुछ आपका सार्वजनिक है, उसी के बगल में आपका नितान्त निजी जीवन भी बैठा हुआ है। इस बाह्य और आन्तरिक की परम्परागत छवियाँ और उसके अन्तराल हमारे नए अनुभवों में गड्ड-मड्ड हो जाते हैं।** (महानगरीय संवेदना और हिन्दी कविता : कवि विजय कुमार से अनूप सेठी की बातचीत, वसुधा : सम्पादक : स्वयं प्रकाश, राजेन्द्र शर्मा, 2005, पृ. 74)

भारतेन्दु की कविता **देखी तुमरी कासी** भी एक दौड़ती–भागती वास्तविकताओं से भरी कविता है।

देखी तुमरी कासी, लोगों देखी तुमरी कासी।
जहाँ बिराजैं विश्वनाथ विश्वेश्वरजी अविनासी॥
आधी कासी भाट भंडेरिया बाम्हन औ सन्यासी।
आधी कासी रंडी मुंडी राँड खानगी खासी॥

यहाँ काशी के बारे में कही जाने वाली प्रसिद्ध उक्ति को याद किया जा सकता है :

राँड़, साँड़ सीढ़ी सन्यासी।
इनसे बचे तो सेवें काशी॥

भारतेन्दु की कविता में यह कहावत अधिक विस्तार के साथ काशी का एक नया पाठ बन जाती है।

लोग निकम्मे भंगी गंजड़ लुच्चे बे-बिसवासी।
महा आलसी झूठे शुहदे बे-फिकरे बदमासी॥
आप काम कुछ कभी करैं नहिं कोरे रहैं उपासी।
और करे तो हँसैं बनावैं उसको सत्यानासी॥

भारतेन्दु सामान्य लोगों के चरित्र का ही बखान नहीं करते, इसमें उच्च वर्ग भी शामिल है, उसमें अमीर, व्यापारी, पुलिस, प्रशासक भी शामिल हैं। शहर की संरचना उसकी गन्दगी और उसमें जानवरों की आवाजाही आदि सब कुछ शामिल कर लिया गया है। लोगों के डींग हाँकने पर भी यहाँ टिप्पणी है और उनके डरपुकनेपन और सिफारिशी होने पर भी।

अमीर सब झूठे और निन्दक करें घात विश्वासी।
सिपारसी डरपुकने सिट्टू बोलैं बात अकासी॥
मैली गली भारीं कतवारन सड़ी चमारिन पासी।
नीचे नल से बदबू उबलै मनो नरक चौरासी॥
कुत्ते भूँकत काटन दौड़ैं सड़क साँड़ सों नासी।
दौड़ैं बन्दर बने मुछन्दर कूदैं चढ़े अगासी॥
घाट जाओ ते गंगापुत्तर नोचैं दै गल फाँसी।
करैं घाटिया बस्तर-मोचन दे देके सब झाँसी॥
राह चलत भिखमंगे नोचैं बात करैं दाता सी।
मंदिर बीच भँडेरिया नोचैं करैं धरम की गाँसी॥
सौदा लेत दलालो नोचैं देकर लासालासी।

माल लिये पर दुकानदार नोचैं कपड़ा दे रासी॥
चोरी भए पर पुलिस नोचें हाथ गले बिच ढाँसी।
गए कचहरी अमला नोचैं मेचि बनावैं घासी॥
फिरैं उचक्का दे दे धक्का लूटैं माल मवासी।
कैद भए की लाज तनिक नहिं बे-सरमी नंगा सी॥

देखी तुमरी कासी भैया देखी तुमरी कासी।

(देखी तुमरी कासी : भारतेन्दु हरिश्चन्द्र, 1874 ई., बना रहे बनारस : विश्वनाथ मुखर्जी, पृ. vii)

यह दिलचस्प है कि संस्कृत कविता में नगर की कई छवियाँ मौजूद रही हैं। यही नहीं संस्कृत में ऐसे कई ग्रन्थ लिखे गए जिनमें नगर की संरचना पर विचार किया गया। समरांगण सूत्रधार के अलावा **कामसूत्र, निशीथ चूर्णि, कुवलयमाला, बृहत्कथा, समराइच्छकहा,** आदि अनेक प्राचीन ग्रन्थों में नगर की संरचना, नगरों के बनने और उजड़ने पर विचार किया गया है। महाभारत के शान्तिपर्व में युधिष्ठिर द्वारा आदर्श नगर की परिभाषा पूछने पर भीष्म कहते हैं—नगर छह प्रकार के होते हैं। 1. धन्व दुर्ग, 2. मही दुर्ग, 3. गिरी दुर्ग, 4. मनुष्य दुर्ग, 5. मृदुर्ग तथा 6. वन दुर्ग आदि। इसके साथ ही भीष्म इन नगरों की विशेषताओं का भी वर्णन करते हैं।

आधुनिक समय में कलकत्ता और बम्बई जैसे औद्योगिक नगरों के विकसित होने के कारण बंगला और मराठी कविता में भी नगरों की अनेक छवियाँ मौजूद हैं। उर्दू कविता इस अर्थ में सबसे समृद्ध नागर कविता रही है। उर्दू कविता मूलतः एक नागर कविता ही है। उसमें नगरों के बसने, उससे प्यार करने के ही नहीं, उनके उजड़ने की भी कई दास्तान विद्यमान हैं। इसलिए उसमें शहर आशोब जैसा कविता का एक अलग रूप भी मौजूद है, जिसमें शहरों के उजड़ने के कई शोकगीत लिखे गए। काशी को लेकर भी उर्दू और फारसी में कई कविताएँ लिखी गईं। ग़ालिब की फारसी में लिखी गई एक कविता है :

त आलल्ला बनारस चश्मे बद दूर
बहिश्ते खुर्रमो फिरदौसे मामूर
इबादत ख़ानए नाकूसियाँ अस्त
हमाना कावए हिन्दोस्ताँ अस्त

(हे अल्ला, बनारस को बुरी नज़र से दूर रखना क्योंकि यह आनन्दमय स्वर्ग है। यह घंटा बजानेवालों की पूजा का स्थान है यानी यह हिन्दुस्तान का काबा है।)

बुतानशरा हयूला शोलए तूर
सराया नूर, ऐज़द चश्म बद दूर
मिया हा नाजुको दिल हा तुवाना

जे नादानी बकारे ख्वशे दाना
तबत्सुम बस कि दर दिल हा तिबी ईस्त
दहन हा रश्के गुल हाए रबी ईस्त
जे अंगेजे क़द अन्दाजे ख़रामे
ब पाए गुल बुने गुस्तरद : दामे

(यहाँ के बुतों अर्थात सुन्दरियों की आत्मा तूर के पर्वत की ज्योति के समान है। वह सिर से पाँव तक ईश्वर का प्रकाश है। इन पर बुरी नज़र न पड़े। इनकी कमर तो नाज़ुक है पर दिल ताकतवर है। यों इनमें सरलता है, किन्तु अपने काम में बहुत चतुर हैं। उनकी मुस्कान ऐसी है कि दिल पर जादू का काम करती है। इनके चेहरे इतने सुन्दर हैं कि रबी अर्थात चैत के गुलाब को भी लजाते हैं। इनके शरीर की गति तथा आकर्षक कोमल चाल से ऐसा जान पड़ता है कि गुलाब के समान पाँव के फूलों का जाल बिछा देती हैं।)

ज ताबे जलवये ख्वेश आतिश अफ़रोज़
बयाने बुतपरस्तो बरहमन सोज़
ब लुत्फ़े मौजे गौहर नर्म रू तर
ब नाज़ अज़ खूंने आशिक गर्म रू तर

(अपनी रौशनी से, जो अग्नि के समान प्रज्ज्वलित है, यह बुतपरस्त तथा बरहमन की बोलने की शक्ति भस्म कर देती है अर्थात यह इनका सौन्दर्य देखकर मूक हो जाते हैं। पानी में उनका विलास मोती की लहरों से भी नर्म और कोमल जान पड़ता है। पानी में स्नान करने वाली जो अठखेलियाँ करती हैं, उनसे जो पानी के छींटे उठते हैं, उनकी ओर कवि का संकेत है। उनका नाज़ अर्थात हास-विलास आशिक़ के ख़ून से भी गर्म है।)

ब सामाने गुलिस्तां बर लबे गंग
ज़ ताबे रूख चिरागां बर लबे गंग
रसादः अज़ अदाए शुस्त व शूए
ब हर मौज़े नवेदे आबरूए
क़यामत क़ामतां, मिज़गां दराजां
ज़ मिज़गां बर सफ़े-दिल तीरः बाज़ां
ब मस्ती मौज रा फ़रमूदः आराम
ज़ नग़ज़े आब रा बख़शिन्दा अन्दाम

(गंगा किनारे यह क्या आ गईं एक उद्यान आ गया है। इनके मुख के प्रकाश से गंगा के किनारे दीपावली का दृश्य हो गया है। उनके नहाने-धोने की अदा से प्रत्येक मौज को आबरू का आमंत्रण मिलता है। इन सुन्दर डील-डौलवाली तथा बड़ी-बड़ी

पलकों वाली सुन्दरियों से कयामत आती है। यह दिल की पंक्ति पर अपनी बड़ी बरौनियों से तीर चलाती हैं। अपनी मस्ती से इन्होंने गंगा की लहरों को शान्त कर दिया है। अपनी सुन्दरता से इन्होंने पानी को स्थिर कर दिया है।)

फ़ताद: शौरिशे दर क़ाबिले आब
ज़ माही सद दिलश दर सीना बेताब
ज़ ताबे जलवा हा बेताब गश्त:
गोहर हा दर सदफ हा आब गश्त:
ज़ बस अर्जे तमन्ना भी कुनद गंग
ज़ मौजे आबहा वाभी कुनद गंग।

(फिर से पानी के शरीर के अन्दर इन्होंने हलचल पैदा कर दी और सीने में सैकड़ों दिल मछली के समान छटपटाने लगे। अपने सौन्दर्य की उष्णता से विकल होकर वह पानी में चली गईं और ऐसा जान पड़ता है जैसे सीप में मोती हो। गंगा भी अपने हृदय की अभिलाषा प्रकट करती है और अपनी पानी की लहरों को खोल देती है कि आओ इसमें स्नान करो।)

(बनारस की सुबह : बना रहे बनारस : विश्वनाथ मुखर्जी, पृ. 35-37)

दो

संस्कृत, उर्दू या अंग्रेजी कविता में नगर की छवियों पर जिस तरह आलोचना में काम किया गया उस तरह हिन्दी कविता पर लगभग विचार नहीं हुआ। जबकि भारतेन्दु काल से ही हिन्दी की आधुनिक कविता में नगर की उपस्थिति लगातार बनी रही है। गांधीवाद के गहरे प्रभाव के कारण चाहे **अहा ग्राम्य जीवन** या **भारतमाता ग्रामवासिनी** जैसी कुछ चर्चित कविताएँ लिखी गईं लेकिन नगर अनुपस्थित रहा हो, ऐसा नहीं है। मैथिलीशरण गुप्त और उस दौर के अन्य कवियों या छायावादी कवियों में भी नगर की छवियाँ और लगातार विकसित होता नगर-बोध हिन्दी कविता में रहा है। हिन्दी क्षेत्र के नगर वस्तुतः पश्चिम के आधुनिक नगर से भिन्न थे। इनमें मैन्युफेक्चरिंग एक्टिविटी नहीं थी। अधिकांश नगर प्रशासनिक और धार्मिक नगर थे और उत्सवी गतिविधियों के केन्द्र थे। कुछ बड़े व्यापारिक केन्द्र भी थे। इसलिए इनमें से अधिकांश औद्योगिक या कामर्शियल के बजाय राजनीतिक केन्द्र अधिक थे। भारत के नगरीकरण में सबसे बड़ी भूमिका राजधानी और धार्मिक केन्द्रों की रही है। इसलिए इन नगरों का चरित्र मुखर विरोधाभासी की बजाय समावेशी ज्यादा लगता है। भारतीय नगर की जड़ें अपने देहाती आधार में गहरे तक धँसी हुई हैं। कलकत्ता 1690 तक झोपड़ों का एक छोटा-सा समूह भर था। वहीं से फैलते हुए धीरे-धीरे आज वह एक महानगर में बदल गया।

हिन्दी कविता के नगर की छवियों पर विचार करते हुए इन तथ्यों पर भी विचार किया जाना चाहिए कि इस भूभाग में नगरों का विकास किस तरह हुआ। प्रगतिवाद के महत्त्वपूर्ण कवि त्रिलोचन शास्त्री में बनारस की छवियाँ इन तथ्यों की तरफ इशारा करती हैं। त्रिलोचन बनारस में वर्षों रहे हैं। उन्होंने बहुत बड़ी संख्या में सॉनेट लिखे हैं। सॉनेट को उन्होंने हिन्दी के पारम्परिक रोला और हरिगीतिका छन्द में साधा है। उन्होंने सॉनेट के फॉर्म का गहरा अध्ययन किया है। उनके सॉनेटस् में पेट्रारकीय सॉनेट का फॉर्म, स्पेन्सेरियन सॉनेट का फॉर्म और शैक्सपीरियन सॉनेट का फॉर्म मिलता है। यह संयोग अपने आप में भी दिलचस्प है कि उन्होंने सॉनेट जैसे आधुनिक फॉर्म को हिन्दी में सम्भव करने के लिए पारम्परिक छन्द का उपयोग किया। यह युग्म भी हिन्दी के नगर-बोध को समझने का एक रूपक हो सकता है। हिन्दी के नगर-बोध में अपनी परम्परा और मिथकों की अनुगूँज और स्मृतियाँ कहीं न कहीं हमेशा बनी रहती हैं। बनारस वह केन्द्र रहा है जहाँ साठ के दौर में हिप्पियों का ही जमघटा नहीं लगा, उस दौर के प्रसिद्ध कवि एलेन गिन्सबर्ग और फर्लिन्गेटी जैसे कवि भी बनारस आए। और उनके इस प्रवास का हिन्दी कविता पर गहरा प्रभाव हुआ। (यह प्रसंग हम अकविता और साठोत्तरी कविता के साथ देखेंगे।) यहाँ बनारस या काशी को लेकर त्रिलोचन की कविता को देखना हिन्दी कविता के नगर-बोध को समझने में ज्यादा कारगर हो सकता है। हालाँकि त्रिलोचन शास्त्री ने काशी की छवियों को लेकर अनेक कविताएँ लिखी हैं। काशी में बाढ़ के कई चित्र भी वहाँ हैं :

काशी मुझे गाँव सी लगती है, शहराती
हवा यहाँ कम से कम है। सब आसपास से
घुले मिले रहते हैं। अपना रंग दिखाती
प्रकृति मनुष्यों में है, धरती से आकास से
सहज मुक्त सम्बन्ध बना है। चोरी डाका
यहाँ न हो यह बात नहीं है। दुर्गुण सारे
कम-बेशी हैं। जाग रही है इस की साका
तीन लोक से न्यारी होने में। जो हारे
हैं वे जन भी मस्त मिलेंगे। ऐसी मस्ती
और कहीं तो नहीं मिलेगी, चना चबेनी
और गंगजल के मस्ताने हैं यह हस्ती
और कहाँ है झंखें तीरथराज त्रिबेनी।
रोज़ रोज़ ताज़ा है कभी नहीं है बासी
आन-बान में, कबिरा तुलसी की यह काशी।

(काशी मुझे गाँव सी लगती : त्रिलोचन, कल्पना, काशी अंक : 2005, पृ. 64)

तारसप्तक का प्रकाशन आजादी से पूर्व हुआ, डॉ. रामविलास शर्मा जो स्वयं भी तारसप्तक के एक कवि थे, का मत है कि **प्रयोगवाद की शुरुआत तारसप्तक से नहीं होती : उसकी शुरुआत होती है सन् 47 में प्रतीक से।** (नई कविता : स्वाधीनता-प्राप्ति के बाद, नई कविता और अस्तित्ववाद : रामविलास शर्मा, पृ. 27) इसी लेख में उन्होंने यह भी कहा कि **जहाँ तक मुझे मालूम है, सन् 47 से पहले प्रयोगवाद शब्द का व्यवहार नहीं हुआ।** रामविलास शर्मा का मत है कि **सन् 54 के बाद नई कविता की चर्चा के जोर पकड़ने पर इन नए सन्दर्भों में तारसप्तक एक ऐतिहासिक कृति के रूप में महत्त्वपूर्ण हो उठा।** इसी में आगे कहा कि **अज्ञेय ने नई कविता को आशीर्वाद दिया। नई कविता** (पत्रिका) **के दूसरे अंक में अज्ञेय की कविता छपी— नई कविता : सम्भाव्य भूमिका।** (वही, पृ. 31) हालाँकि विजय कुमार तारसप्तक को आधुनिक कविता का प्रस्थान बिन्दु मानते हैं। तारसप्तक के महत्त्वपूर्ण कवि चाहे अज्ञेय हों या मुक्तिबोध, नई कविता के भी प्रमुख कवि माने जाते हैं। इनके अलावा भी प्रभाकर माचवे, गिरिजाकुमार माथुर आदि भी नई कविता के ही कवि माने गए। तारसप्तक के ही कवि प्रभाकर माचवे की एक कविता है—**असी।** इस कविता का एक अंश पुनः हिन्दी कविता में आती नगर छवियों और मिथकीय सन्दर्भों और वर्तमान दशाओं के विरोधाभास को समेटता है :

जनश्रुति है, यह घाट जहाँ जुलाहे में ब्रह्मज्ञान जागा था
असी घाट यह, यहीं कभी तुलसी ने अपना तन त्यागा था
किन्तु आज इस स्थल पर हम जूठन, कूड़ा विसृज्य फेंकते
मगर इस समय हम गन्दे मच्छर से भिन-भिन खड्ड देखते
कुचले विश्वासों की टूटी बैसाखी हम चले टेकते!

खूब चकाचक छनी गुरू! श्राद्धान्नों की हो गई आज अति!
हरिजन को मन्दिर निषिद्ध है, यही हमारी मानव संस्कृति ?
केवल आकृति शेष, आत्मा पापों में डूबी, छिः विकृति!

(असी : प्रभाकर माचवे, कल्पना : काशी अंक, 2005, पृ. 135)

इस सबसे प्राचीन नगर को भारतेन्दु से लेकर आज के कवियों ने भी तरह तरह से देखा है। सत्तर के दशक के कवि ज्ञानेन्द्र पति का एक संग्रह ही है—**गंगातट**। यह माना जा सकता है कि कविता, उपन्यास की तरह नगर की वास्तविकताओं और अन्तर्विरोधों के महीन विवरणों को नहीं समेटती लेकिन कहना न होगा कि सत्तर के बाद की कविता और विशेष रूप से अस्सी पिचासी के बाद की कविता में विवरण बढ़े हैं और कविता आख्यानात्मक हुई है। निश्चय ही कविता का आख्यान कथा के आख्यान से भिन्न होता है। ज्ञानेन्द्रपति का संग्रह **गंगातट** बनारस का एक वृहत

लैंडस्केप बनाता है। उसमें गंगातट के आसपास के जीवन के बहुत सारे महीन ब्यौरे गुँथे-बुने हैं।

उसकी किसी कविता या कविता के किसी अंश को उद्धृत करना थोड़ा कठिन है। सारी कविताएँ जैसे एक दूसरे से जुड़ी हैं और सब मिलकर उस वृहत लैंडस्केप को बनाती हैं। उसमें विगत समय में नगर के लगातार बनने-बिगड़ने के दृश्य हैं। कई मार्मिक और दिलचस्प छवियाँ हैं। एक कविता है—**नगर की आँखों में बसी है असी।**

असी
वही—वाराणसी की वरूणा का विपरीत ध्रुव
वही असी जो नदी से नाला हुई है
जलपक्षियों ने त्याग दिया है जिसे
भूल गया है नगर जिसे एक नदी के रूप में
एक सीमेन्ट की नाली में बहती जाती है जो मौन, मुर्दार
एक नामशेष नदी
हिमालय तक पहुँची है उसकी हाय
इन्द्र ने सुनली है अबके उसकी
वज्रधर इन्द्र वज्रबधिर नहीं हुआ अभी

(नगर की आँखों में बसी है असी : गंगातट, कविता संग्रह : ज्ञानेन्द्र पति, पृ. 53)

और एक कविता है—**एक रिपोर्ताज।** इसमें एक अलग छवि है आज के बनारस की।

नगर-मध्य का म्युनिसिपल पार्क-कम्पनीबाग
मैदागिन में, उस नागरी प्रचारिणी सभा का पड़ोसी
जिसके भव्य भवन में
नागरी के शव पर
साधक—भूषा में
पालथी मार बैठा है नटनागर एक
हिन्दी! हा! हिन्दी! करता
दोमुँहा छलिया
जिसकी परिभाषा में जिगरी दोस्त वह जो दोस्त का जिगर खाए
और बाल वह जो कपाल पर नहीं, किसी ऊँची नाक का बाल हो अधोमुखी
ऐसे में बेघर बिलाला फिरते नगर के कवि

मिल बैठने की जगह पाते
कम्पनीबाग के एक मैदान-खंड में

ताश खेलते लोगों के दो गुच्छों
और पिछले हफ्ते की फिल्म के दृश्यों को पगुराते बेरोजगार नौजवान
के बगल में
कवियों का एक गोल
गोष्ठी मंडलाकार

(एक रिपोर्ताज : गंगातट : ज्ञानेन्द्र पति, पृ. 135)

एक प्राचीन नगर जब आज की कविता में पुनर्सृजित होता है तो उसमें कई छवियाँ स्वाभाविक रूप से एक दूसरे से मिलती-जुलती होती हैं लेकिन वह उसके मिथकीय सन्दर्भों और वर्तमान यथार्थ की छवियों के युग्म बनाने और उनकी व्याख्याओं में बदल भी जाती हैं। इसलिए हर कवि की कविता का अपना नगर भी अलग होता है। भारतेन्दु, प्रसाद, त्रिलोचन, प्रभाकर माचवे, केदारनाथ सिंह से लेकर सत्तर के दशक के कवि ज्ञानेन्द्र पति और लगभग 90 के दशक में आए अष्टभुजा शुक्ल की कविता को सामने रखें तो काशी की छवियों का एक विविधवर्णी कोलाज बन जाता है। कविता का काशी यथार्थ के काशी को उसके अनेक ढके छिपे सत्यों में पढ़ने की कोशिश करता है। यह वास्तविक नगर का ज्यादा अर्थगर्भी पाठ प्रस्तुत करता है। अष्टभुजा शुक्ल की कविता—**यह बनारस है,** बदलते बनारस का नया पाठ है।

सभ्यता का जल यहीं से जाता है
सभ्यता की राख यहीं आती है
लेकिन यहाँ से सभ्यता की कोई हवा नहीं बहती
न ही यहाँ सभ्यता की कोई हवा आती है
यह बनारस है।

चाहे सारनाथ की ओर से आओ या लहरतारा की ओर से
वरूणा की ओर से आओ या गंगा की ओर से
इलाहाबाद की ओर से आओ या मुगलसराय की ओर से
डमरू वाले की सौगन्ध

यह बनारस यहीं और इसी तरह मिलेगा
ठगों से ठगड़ी में
सन्तों से सधुक्कड़ी में
लोहे से पानी में
अंग्रेजों से अंग्रेजी में
पंडितों से संस्कृत में

बौद्धों से पालि में
पंडों से पंडई और गुंडों से गुंडई में
और निवासियों से भोजपुरी में
बतियाता हुआ यह बहुभाषाभाषी बनारस है।

इस लम्बी कविता में कई तरह के विवरण हैं जो एक दूसरे से गुँथे हुए हैं। जैसे यहाँ का प्रसिद्ध सम्बोधन है गुरू। इसमें रिक्शेवाला, पानवाला, पंडा, मल्लाह, मुल्ला, माली, डोम, सब गुरू हैं। कामरेड, शिष्य, और गुरू तो गुरू है ही। गंगा भी गुरू है ज्ञान भी गुरू है, स्त्री गुरू है, सीढ़ी गुरू है और कभी-कभी ठेस भी गुरू है। बनारसी घाघ है, शैव है, वैष्णव है, सिद्ध है, बौद्ध है, कबीरपन्थी है, नाथ है।

धन से धर्म नहीं होता बनारस में
धर्म से धन होता है
जब बनारसी देवी रोती है
तब बनारसी दास सोता है

और यह भी कि
सुख नहीं बिकता बनारस में
सुख प्राप्त होता है।

इस कविता की अन्तिम पंक्तियाँ हैं :

जो भी बनारस आता है
कोई सिर के बाल, कोई जेब, कोई मन, कोई तन,
अर्थात कुछ न कुछ खो कर आता है
और जब कोई यहाँ से जाता है
हरी झंडी की तरह
बनारस अपने दोनों हाथ हिलाता है।

(यह बनारस है : अष्टभुजा शुक्ल, कल्पना : काशी अंक, पृ. 257-260)

हिन्दी और उर्दू की नागर कविता में मुझे लगता है कि एक बात मिलती-जुलती है कि सारी आलोचना और नगर के अँधेरे कोने-कुचालों के वर्णन विवरणों के बावजूद नगर के साथ कवि का रिश्ता भावनात्मक बना रहता है। उसमें नगर से गहरा प्यार है और आत्मीयता का ताप भी। यह रिश्ता या आत्मीयता आधुनिकतावाद के चलते कहीं-कहीं दरकती ज़रूर नज़र आती है लेकिन बहुत दूर तक यह सम्बन्ध चाहे कई बार क्षीण होता नज़र आए पर पूरी तरह कभी टूटता नहीं है।

कविता में नगरों के बनने और उजड़ने की और फिर बसने की अनेक स्मृतियाँ हैं

विट्गेन्सटाइन ने भाषा को एक नगर के रूपक की तरह देखा था। **फिलोसॉफिकल इन्वेस्टिगेशन्स** में उन्होंने लिखा है कि : **हमारी भाषा को एक पुराने नगर-रूप में देखा जा सकता है : एक भूल-भूलैया छोटी सँकरी गलियों एवं चौराहों की, पुराने एवं नए मकानों और विभिन्न कालों में समय-समय पर परिवर्तित मकानों की : और यह भूल-भुलैया घिरी है नई बस्तियों से, जिनमें सीधी-सपाट सड़कें एवं एक जैसे घर हैं।** (फिलासॉफिकल इन्वेस्टिगेशंस, अनुच्छेद 18, विट्गेन्सटाइन के दर्शन की रूपरेखा : कालीचरण पांडेय, में उद्धृत, पृ. 91-92) जैसे भाषा नगर का एक रूपक है उसी तरह नगर भी भाषा में आकर एक रूपक बन जाता है। क्योंकि नगर एक मानव निर्मित संरचना है इसलिए उसके बनने, बसने, उजड़ने और फिर फिर बनने का एक लम्बा इतिहास है। प्राचीन कविता जिस तरह इस प्रक्रिया का साक्ष्य अपने में समेटे है, वह इतिहास की पूरक सामग्री बनता है, उसी तरह इतिहास भी इस प्रक्रिया को अपने में समोकर कविता के नगर को समझने का साक्ष्य बनता है।

लगभग पाँच हजार से अधिक वर्ष के लम्बे इतिहास में भारत में अनेक नगरों को बनाया, बसाया गया है। माना जाता है कि हड़प्पा संस्कृति तीसरी सहस्राब्दी ईसा पूर्व अपने उत्कर्ष पर थी। इस संस्कृति के पराभव के बाद गंगा की घाटी में स्थित प्राचीन नगरों का आविर्भाव काल रहा है जो आठवीं सदी ईसापूर्व माना जाता है। तक्षशिला नगर की स्थापना छठी शताब्दी ईसापूर्व मानी जाती है। **हमारी शती के बीसवें वर्ष में विश्व-संस्कृति के क्षेत्र में एक महानतम खोज हुई—सिन्ध (सिन्धु) घाटी में अपने लिए रणनीतिक दृष्टि से आवश्यक रेल मार्ग बिछाते हुए अंग्रेजों को मिट्टी की कई परतों में दबे पड़े 4000 वर्ष से भी ज़्यादा पुराने नगरों के अवशेष मिले। पकी ईंटों से निर्मित बहुमंजिले रिहायशी मकानों, सार्वजनिक जल निकास प्रणाली, सामूहिक स्नानागारों और पेय जल के कुओं से युक्त ऐसे सुनियोजित नगर प्राचीन विश्व में एक अद्वितीय**

परिघटना थे। इस तरह के नगर न प्राचीन मिस्त्र में पाए गए थे, न मेसोपोटामिया में ही। (हड़प्पा सभ्यता के नगर, पहला अध्याय : भारत के नगर : एक ऐतिहासिक सिंहावलोकन : अ. कोरोत्स्काया, पृ. 17)

हड़प्पाई बस्तियों को कोरोत्स्काया ने पाँच वर्गों में बाँटा है, 1. राजधानी नगर, जिसमें दुर्ग होता था और जो हस्तशिल्पियों तथा घरेलू व विदेश व्यापार के केन्द्र थे। 2. बन्दरगाह नगर जो सामान्यतः शिल्प तथा व्यापार के केन्द्र थे। 3. दुर्ग रहित नागर बस्तियाँ। 4. प्राचीरयुक्त सीमांत चौकियाँ तथा 5.ग्राम। हड़प्पाई नगर-निर्माण कला का चरमोत्कर्ष हड़प्पा और मोहनजोदड़ो नगरों में पाया जाता है। प्राचीन भारत में नगर तथा नगर-जीवन में उदयनारायण राय का भी मत है कि ताम्रयुगीन सभ्यता हमारे देश की प्रथम नागरिक सभ्यता का प्रतिनिधित्व करती है, जो प्राचीन मनीषियों के अनुसार, कलात्मक विकास, अभियांत्रिकी एवं अर्थ संगठन की दृष्टि से मेसोपोटामिया एवं मिस्त्र-सदृश देशों की तत्कालीन उन्नत सभ्यताओं की तुलना में कहीं अधिक बढ़-चढ़कर थी। इसकी प्राचीनता के बारे में सर जॉन मार्शल ने इसकी तिथि 3250 ईसापूर्व से 2750 ईसापूर्व के बीच निर्दिष्ट की थी। रमेशचन्द्र मजुमदार, वासुदेवशरण अग्रवाल एवं मार्टिन व्हीलर ने हड़प्पा का समीकरण ऋग्वेद में उल्लखित हरियूपिया से किया है।

गांगेय उपत्यका में नगरीकरण के सन्दर्भ तैत्तिरीय ब्राह्मण, ऐतरेय ब्राह्मण, शतपथ ब्राह्मण में मिलते हैं। पुर शब्द पर विचार करते हुए मैकडानल एवं कीथ ने निर्दिष्ट किया था कि यह शब्द प्राकार एवं परिखा से परिवेष्ठित नगर का बोधक है।

वैदिककालीन नगरों में काम्पील, कौशाम्बी, अयोध्या, आसन्दीवन्त के उल्लेख तत्कालीन साहित्य में मिलते हैं। अयोध्या का उल्लेख ऐतरेय ब्राह्मण में आया है। राजधानी नगर वर्ग का नगर सबसे बड़ा जन-सन्निवेश था। **रघुवंश** में इक्ष्वाकु राजाओं की नगरी अयोध्या को राजधानी कहा गया है। बिल्हण ने **विक्रमांक देव चरित** में अयोध्या को राजधानी कहा है। चीनी यात्री फाह्यान ने मथुरा की जनसंख्या, सभ्यता एवं समृद्धि की प्रशंसा की है। नवीं शताब्दी में जयपुर, कश्मीर का एक विशिष्ट केन्द्र था। **राजतरंगिणी** से विदित होता है कि जयापीड नामक नरेश ने इस नगर की नींव डाली थी। (सन्दर्भ : प्राचीन भारत में नगर तथा नगर-जीवन : उदयनारायण राय)

कोरोत्स्काया ने लिखा है कि हड़प्पाई नगरों में खुदाई में मिली दो पहिया खिलौना-बैलगाड़ी ऐसे परिवहन साधनों की विद्यमानता की पुष्टि करती है। प्रसंगतः यह पहियेदार परिवहन का विश्व में सबसे प्राचीन प्रमाण भी है। और यह भी कि सम्भव है कि पहिये का अविष्कार हड़प्पा के प्राचीन निवासियों ने ही किया हो।

वैदिक काल के बाद कहा जाता है कि भारत के इतिहास में एक अत्यन्त महत्त्वपूर्ण समय है जब बड़े-बड़े नगरों का निर्माण हुआ। इसी काल में जैन और बौद्ध धर्म का प्रादुर्भाव हुआ। कोरोत्स्काया का मानना है कि ये धर्म शहरी तबक़ों के विश्व-दृष्टिकोण को प्रतिबिम्बित करते हैं। फ़र्गूसन ने भारतीय वास्तुशिल्प का वर्गीकरण धर्म के आधार पर किया था और उन्हें बौद्ध, जैन और मुस्लिम की श्रेणियों में बाँटा था। हालाँकि इसमें नगर स्थापत्य पर विचार नहीं किया गया है। इस धारणा को आगे चलकर बहुत मान्यता नहीं दी गई है। लेकिन भारतीय नगर-बोध और नए नगरों के निर्माण पर विचार करते हुए इन धर्मों की भूमिका को पूरी तरह नज़रअन्दाज़ नहीं किया जा सकता। **हड़प्पोत्तर प्राचीन भारत से सम्बन्धित पुरातात्विक साक्ष्यों का नितान्त अभाव है। किन्तु भौतिक संस्कृति के अवशेषों की दुर्लभता के बावजूद इस युग की साहित्यिक रचनाओं का प्रबल प्राचुर्य पाया जाता है। यह कहने में कोई अतिशयोक्ति न होगी कि अन्तर्वस्तु की समृद्धता, वैज्ञानिक चिन्तन की गहनता, कलात्मकता, अभिव्यंजना और काव्यात्मक अभिप्रेरणा की दृष्टि से भारत की यह अक्षय साहित्यिक निधि सारे विश्व में अतुलनीय है। वह भारतीयों की बौद्धिक और कलात्मक संस्कृति के आश्चर्यजनक रूप से समृद्ध संसार को उद्घाटित करती है, और यह संस्कृति, हमारे मत में, लोकवार्ता के आधार पर नगरीय केन्द्रों में ही संवर्धित हुई थी।** (भारत के नगर : अ.कोरोत्स्काया, पृ. 45)

रोडस् मर्फ़ी (Rhoads Murphey) ने लिखा है कि पारम्परिक भारत में शहरों का बनना, पश्चिम की तुलना में पहले प्रारम्भ हुआ। और आज भी ये ज़्यादा बड़े और घनी आबादी वाले हैं। लेकिन ये मूलतः आधुनिक पश्चिम से भिन्न हैं। ये मेन्युफैक्चरिंग एक्टीविटी में संलग्न नहीं हैं, वस्तुतः ये प्रशासनिक और धार्मिक और उत्सवी गतिविधियों के केन्द्र हैं। इनमें से कई सघन व्यापार के केन्द्र हैं और इनका आधार कारीगरी उत्पादन तक सीमित है। इनमें से ज्यादातर राज्य द्वारा कन्ट्रोल किए जाते हैं। विशेष रूप से बड़े शहर। नागरवाद औद्योगिक और कामर्शियल के बजाय राजनीतिक अधिक है। भारत में सबसे बड़ा योगदान राजनीतिक राजधानियों और धार्मिक केन्द्रों का है। (सन्दर्भ : सिटी एंड कन्ट्री साइड एज़ आइडियोलाजिकल इश्यू : इंडिया एंड चाइना : रोडस् मर्फ़ी, कम्प्रेटिव स्टडीज़ इन सोसायटी एंड हिस्ट्री-vol. 14 no. 3, june 1972, पृ. 250-267 केम्ब्रिज यूनिवर्सिटी प्रेस) यह स्थिति एक हद तक सही होते हुए भी पूरी तरह इससे सहमत नहीं हुआ जा सकता। औपनिवेशिक काल और उत्तर औपनिवेशिक काल में कई ऐसे नगर बसाए गए जो औद्योगिक नगर थे। इसके अलावा स्वाधीनता के बाद नेहरू ने जिन आधुनिक नगरों को बनाने का स्वप्न चंडीगढ़ या गांधीनगर जैसे नगरों के माध्यम से साकार किया, उसे भी देखा जाना चाहिए। सच तो यह है कि भारतीय मनुष्य का नागर बोध बहुत उलझा हुआ और जटिल है।

दो

इतिहासकार मोहम्मद हबीब ने उत्तर भारत में शहरी क्रान्ति में लिखा है कि जिसे मुस्लिम विजय कहते हैं—दरअसल वह गूरियों की विजय थी—उसके दो अर्थ थे, एक यह कि ठाकुर शासकों के स्थान पर गूरी तुर्क शासक हो गए। दूसरा यह कि भारतीय शहरों के कामगार वर्गों को बराबरी के अधिकार मिले, वे झुंड के झुंड नए धर्म की ओर आकृष्ट हुए। यह संक्रमण इसलिए सम्भव हुआ क्योंकि भारतीय समाज अपने अन्तर्विरोधों की वजह से कमजोर और बेसहारा हो चुका था। क्षत्रिय जो जन्मना योद्धा जाति के थे, उनको युद्ध के नए तरीकों का ज्ञान न था। दूसरा यह कि भारतीय उत्पादक वर्ग के काम और उसकी कानूनी और सामाजिक हैसियत में कोई तारतम्य नहीं रह गया था। तीसरा अन्तर्विरोध जाति प्रथा में था जिसमें संस्कृति की इजारेदारी कुछ जातियों में थी। इसलिए आठवीं से चौदहवीं सदी के बीच हिन्दू विचारकों का अभाव रहा। (सन्दर्भ : भारतीय इतिहास का आरम्भिक मध्यकाल : मोहम्मद हबीब : सम्पादक : इरफ़ान हबीब, पृ. 170) इतिहासकार रामशरण शर्मा ने भी अपनी किताब **भारत के प्राचीन नगरों का पतन** में लिखा है कि ग्यारवीं शताब्दी में देश के कुछ भागों में शहरों का मन्द-मन्द पुनरुत्थान आरम्भ हुआ और चौदहवीं शताब्दी तक नए शहरीकरण की प्रक्रिया साफ़-साफ़ दिखाई पड़ने लगी। मोहम्बद हबीब इसी काल को शहर क्रान्ति के रूप में देखते हैं। उनका मानना है कि अ-सवर्ण जातियाँ, जिन पर सारे औद्योगिक उत्पादन का दारोमदार था, संस्कृति परम्परा से पृथक थीं। इसलिए उन्होंने अपने कोई दस्तावेज नहीं छोड़े। अल्बेरूनी ने अ-सवर्णों की आठ श्रेणियाँ बनाई हैं : धोबी, चमार, नट, धरकार, मल्लाह, धीवर, बहेलिये और जुलाहे। मध्यकाल में इन श्रेणियों के अनेक कवि हुए, कुछ अत्यन्त महत्त्वपूर्ण कवि हुए जैसे कबीर जुलाहे थे, रैदास चर्मकार थे और भीमा भोई, भोई थे।

मोहम्मद हबीब का मत है कि मुसलमान सबसे पहले पंजाब में बसे। और यह भी कि सबसे महत्त्व का उद्योग जो मुसलमान भारत में लाए वह कागज़ बनाने का काम था। उन्होंने यह कला चीनियों से सीखी थी। पहले दक्षिण भारत में लोग भोजपत्रों पर लिखते थे। उसकी जगह कम खर्च वाले कागज़ ने ले ली। इससे हिन्दू और मुसलिम दोनों में संस्कृतियों और शिक्षा के रक्षण और फैलाव पर बड़ा असर पड़ा। गूरियों की विजय में भारत के शहरी मजदूर—हिन्दू और मुसलमान दोनों ने मदद की।

मोहम्मद हबीब ने लिखा है कि **किसी अपशकुन की वजह से या अपनी सामान्य बुद्धि से दुनिया के सबसे बड़े विजेताओं में से एक इल्तुत्मिश सिन्ध के किनारे से ही वापस लौट गया जैसे पहले सतलुज के किनारे से सिकन्दर लौट गया था। मंगोलों की तीन पीढ़ियों ने हिन्दुस्तान को जीतने की बार-बार कोशिशें**

कीं, मगर वे कामयाब न हो सके। क्रान्ति के बाद हिन्दुस्तानी दुश्मन के मुकाबले बीस छूटे। हिन्दुस्तान का कामगार जिसे नई-नई आजादी मिली थी उनसे भिड़ने की ताकत रखता था। वह गलियों-कूचों में भी मोर्चा लगाए बैठा था। उसने हमलावरों के छक्के छुड़ा दिये जिनके आगे पूरब और पश्चिम की सभी ताकतों ने घुटने टेक दिए थे। यह नई ताकत उत्तर भारत की शहरी क्रान्ति से जन्मी थी। (भारतीय इतिहास का आरम्भिक मध्यकाल : मोहम्द इबीब, पृ. 180) इसी अध्याय में उन्होंने आगे लिखा है कि **यदि विश्व इतिहास और भावी भारतीय इतिहास के परिप्रेक्ष्य में सही वैज्ञानिक और असाम्प्रदायिक दृष्टि से देखें तो गूरियों की तथाकथित विजय दरअसल गूरी तुर्कों के नेतृत्व में शहरी बस्तियों द्वारा की गई एक क्रान्ति थी।** (वही, पृ. 182) हालाँकि इतिहासकार इरफ़ान हबीब ने शहरी क्रान्ति जैसी संज्ञा से अपनी असहमति जाहिर की है।

लेकिन इस दौर में अनेक उजड़ चुके शहरों या उजड़ रहे शहरों की प्रशासन व्यवस्था ठीक होने के कारण उनका विकास शुरू हुआ। हिन्दी कविता में लगभग यही काल है जब वीरगाथा काल के कवि आए और उनमें से ज्यादातर किसी न किसी राजा या सामन्त से जुड़े थे अत: नगरों में रह रहे थे। चन्दबरदाई (संवत् 1225-1249) जिनके बारे में रामचन्द्र शुक्ल ने हिन्दी साहित्य का इतिहास में लिखा है कि **वे हिन्दी के प्रथम महाकवि माने जाते हैं और इनका पृथ्वीराज रासो हिन्दी का प्रथम महाकाव्य है। चन्द दिल्ली के अन्तिम हिन्दू सम्राट महाराजा पृथ्वीराज के सामन्त और राजकवि प्रसिद्ध हैं।** (वीरगाथा काल, संवत 1050-1375, हिन्दी साहित्य का इतिहास : आचार्य रामचन्द्र शुक्ल, पृ. 46) इसके साथ ही अमीर खुसरो संवत् 1340 के आसपास आते हैं। उन्हें आधुनिक हिन्दी का पहला कवि भी कहा जा सकता है। खुसरो के नाम से संगृहीत पहेलियों में कुछ प्रक्षिप्त भी हो सकती हैं, लेकिन खुसरो की कविता में प्रवृत्ति के रूप में गहरा नगर-बोध देखा जा सकता है। शुक्ल जी ने लिखा है कि कबीर की अपेक्षा खुसरो का ध्यान बोलचाल की भाषा की ओर अधिक था। (वही, पृ. 57) सैयद एहतिशाम हुसैन ने लिखा है कि अमीर ख़ुसरो ने जिस भाषा को हिन्दुई कहा है, सच यह है कि हम उसी से हिन्दी भाषा का इतिहास आरम्भ कर सकते हैं। (उर्दू साहित्य का इतिहास : एहतिशाम हुसैन, पृ. 28) खुसरो की पहेलियाँ और अन्य कविताओं को नागर कविता की ही श्रेणी में रखा जाएगा।

गोरी सोवै सेज पर, मुख पर डारै केस।
चल खुसरो घर आपने, रैन भई चहुँ देस॥

मध्यकाल में कबीर, तुलसी, सूर, मीरा या उसके बाद रीतिकाल के भी ज्यादातर कवि नगरों में ही रहे हैं। उनकी कविता में नगरों की अनेक छवियाँ हैं। नगर-वृत्ति

को भी उसमें देखा जा सकता है। **सूर की कविता में गाँव से शहर के बीच द्वन्द्व की अभिव्यक्ति भी है। यहाँ गाँव और शहर के बीच द्वन्द्व अनेक स्तरों पर है। सबसे पहले सगुण से निर्गुण, ज्ञान और योग के द्वन्द्व में गाँव से शहर का विरोध व्यक्त हुआ है। ऐसा लगता है कि उस समय निर्गुण, ज्ञान और योग का अधिक प्रचार शहरों में था और सगुण का गाँवों में। भ्रमरगीत में बार-बार निर्गुण, ज्ञान और योग को नगर से जोड़ा गया है। उद्धव से निर्गुण और योग का उपदेश सुनकर गोपियाँ कहती है—यह प्रिय कथा नगर नारिन सौं, कहहिं जहाँ कछु पावहिं। सूर के अनुसार योग, ज्ञान और निर्गुण का केन्द्र है काशी। उद्धव से गोपियाँ कहती हैं—यह निरगुन लै तिनहिं सुनावहु, जे मुड़िया कसै कासी। या जे गाहक निरगुन के ऊधौ, ते सब बसत ईसपुर कासी।** (गाँव और शहर का द्वन्द्व सूर का काव्य और किसान जीवन, भक्ति आन्दोलन और सूरदास का काव्य : मैनेजर पांडेय, पृ. 304) सूर नगर की आलोचना भी करते हैं। कृष्ण लीला में मुख्य नगर मथुरा ही है इसलिए भ्रमरगीत में गोपियाँ ऊधौ से मथुरा की आलोचना करती हैं, वहाँ के लोगों और उनकी वृत्तियों पर कटाक्ष करती हैं :

हम अहीरि मतिहीन बापुरी, हटकत हूँ हठि करत मिताई।
वे नागर मथुरा निरमोही, अंग अंग भरे कपट चतुराई॥

(वही, पृ. 305)

तीन

भारत के नगरों और नगरीकरण की प्रक्रिया को मुख्य रूप से तीन हिस्सों में बाँट कर देखा जा सकता है। पूर्व-औपनिवेशिक, औपनिवेशिक और उत्तर-औपनिवेशिक नगरीकरण। पूर्व-औपनिवेशिक को सुविधा के लिए बाहरी शासकों के आने से पहले और बाद में बाँटा जा सकता है। जैन और बौद्ध काल की कविता में नगरों की छवियाँ और उससे पूर्व की कविता में आई नगरों की छवियों की भिन्नता को भी लक्ष्य किया जा सकता है।

अठारहवीं सदी के अन्त तक भारत का बहुत बड़ा हिस्सा औपनिवेशिक अधिकार के अधीन आ चुका था। अंग्रेजों ने समुद्र तटों पर अपनी फ़ैक्ट्रियाँ स्थापित कीं जो आगे चलकर बन्दरगाह और सैनिक अड्डों में परिणत हो गईं। हालाँकि **यूरोपियों के लिए भारत की राह वास्को डी गामा ने खोली थी, जो 1498 में अपने जहाज़ों के साथ कालीकट पहुँचा था। कालीकट उस काल में मलाबार तट का सबसे बड़ा बन्दरगाह था। 1510 में पुर्तगालियों ने पश्चिमी घाट के गोआ बन्दरगाह पर अधिकार जमाकर उसे पूर्व में अपने विस्तारवाद का मुख्य गढ़ बना लिया।** (औपनिवेशिक भारत में पूँजीवादी नगर का अभ्युदय, भारत के नगर : अ. कोरोत्स्काया, पृ. 181) तटवर्ती क्षेत्रों से बढ़ते समुद्री व्यापार के साथ ही आगे चलकर

मद्रास नगर पैदा हुआ और इसके बाद बसाया गया दूसरा नगर था बम्बई। **1679 में अंग्रेजों ने बम्बई को, जो ब्रिटेन के राजा को पुर्तगाली राजकुमारी से विवाह के दहेज में मिला था, अपना मुख्य व्यापारिक केन्द्र बना लिया। पश्चिमी तट पर अंग्रेजों ने उन्नीसवीं सदी में एक और बन्दरगाह की स्थापना की। यह कराची बन्दरगाह था।** (वही, पृ. 182)

अंग्रेज जिस मुख्य द्वार से भारत में घुसे और उसे जीत सके वह था—कलकत्ता। कलकत्ता जहाँ आज बसा है **वहाँ पहले तीन गाँव थे—सूतानटी, गोविंदपुर और कालीकाता जिन्हें ईस्ट इंडिया कम्पनी के धूर्त ऐजेंट** (जॉब चारनाक) **ने मात्र 1300 रुपये में खरीद लिया था। शीघ्र ही वह भारत में इंग्लैंड का तीसरा सबसे मुख्य गढ़ और पूर्व में ब्रिटिश उपनिवेशवाद के विस्तार की सुदृढ़ आधार चौकी बन गया।** (वही, पृ. 182)

कलकत्ता के बारे में एक मिथक कथा है कि जब शिव की पत्नी सती ने अपने पिता के यज्ञ में प्राण त्याग दिये, **शिव की आत्मा दुख से निढाल भी हुई और जलती झुलसती ज्वाला समान क्रोध और उत्तेजना से लाल भी। काँधे पर सती की बेजान काया सँभाले दुनिया में चारों ओर शिव नाचते फिरे। समय जैसे-जैसे बीतता जाता था नाच की गति तेज़ होती जाती थी। और विनाश के उस नृत्य की गति के साथ-साथ क्रोध की ज्वाला निरन्तर ऊँची और ऊँची होती गई। तब देवताओं को ध्यान आया—भगवान शिव के कन्धों पर सती की काया अगर इसी तरह रखी रही तो संसार उनके क्रोध की अग्नि में भस्म हो जाएगा। कथा के अनुसार तब विष्णु ने कटार उठाई और पूरी शक्ति के साथ उसे सती की काया की ओर उछाल दिया। फिर वह काया बावन टुकड़ों में बँटी और ये टुकड़े सारी धरती पर जहाँ-तहाँ बिखर गए। बँगला भूमि की एक महान नदी के किनारों पर सती के दाएँ पैर की एड़ी गिरी। श्रृद्धालु भक्तों ने उस स्थान को पवित्र जाना और वहाँ काली के मन्दिर की स्थापना की। सो धरती का वह टुकड़ा काली कत्ता कहलाया।** (कोलकाता : अ पोर्ट्रेट इन ब्लेक एंड ब्लड : शमीम हनफ़ी, दीवान-ए-सराय 2 : शहरनामा, सराय, विकासशील समाज अध्ययन पीठ का कार्यक्रम, पृ., 1)

कलकत्ता को लेकर तरह-तरह की टिप्पणियाँ औपनिवेशिक दौर में तथा बाद में मिलती हैं। **किपलिंग ने इसे खौफ़नाक और डरावनी रातों का शहर कहा था।** जबकि चर्चिल ने अपनी माँ से कहा था कि **कलकत्ते को देखकर मुझे हमेशा खुशी होगी क्योंकि इसे एक बार देखने के बाद दोबारा देखने की ज़रूरत नहीं रह जाती। ये एक अज़ीम शहर है और रात की ठंडी हवा और सुरमई धुन्ध में ये लन्दन जैसा दिखाई देता है।** (वही, पृ. 2) 1826 में ग़ालिब अपनी पेंशन के सिलसिले में मुकदमे में पेश होने के लिये कलकत्ता गए थे। **यहाँ ग़ालिब ने सबसे पहले भाप से चलने वाला इंजन, बग़ैर तेल के रौशन होने वाले बर्क़ी चराग़**

(बिजली का बल्ब), परिन्दों की सूरत उड़कर एक जगह से दूसरी जगह पहुँच जाने वाले हर्फ़ों का तिलिस्म और मिज़राब का सहारा लिए बग़ैर बजने वाला मशीनी बाजा, गरज कि तरह-तरह की अनोखी चीज़ें देखीं और उनको सराहा। (वही, पृ. 3) कलकत्ते पर लिखी उनकी कविता में ग़ालिब की खुशी और आश्चर्य को पढ़ा जा सकता है :

कलकत्ते का जो ज़िक्र किया तूने हमनशीं
इक तीर मेरे सीने में मारा कि हाय हाय
वह सब्ज़ाज़ार[1] हाए मुतर्रा[2] कि है ग़ज़ब
वह नाज़नी बुताने—ख़ुद आरा कि हाय हाय
सब्र आज़मा वह उनकी निगाहें कि हफ़-नज़र[3]
ताक़त रूबा[4] वह उनका इशारा कि हाय हाय
वह मेवा-हाए ताज़ा-ओ-शीरीं कि वाह! वा!
वह बादा[5]—हाए नाबे-गवारा[6] कि हाय हाय

(दीवान-ए-ग़ालिब : अली सरदार जाफ़री, पृ. 168-169)

वस्तुतः कलकत्ते की कहानी भारत में औद्यागिकीकरण की कहानी है। कुर्ततुल ऐन हैदर ने अपने चर्चित उपन्यास **आग का दरिया** में लिखा है कि...**उन्नीसवीं सदी के आख़िर का कलकत्ता बेहद मॉडर्न शहर था जिसमें अनगिनत कॉलेज थे और सियासी तहज़ीबें, तहरीकें और प्रेस व अख़बार। नए बंगाली नॉवेलों में हिन्दू तहज़ीब की तहरीक का प्रचार किया जा रहा था। राजा सुरेन्द्रनाथ टैगोर ने हिन्दुस्तानी संगीत के पुनरावलोकन का सिलसिला शुरू कर रखा था। स्वामी विवेकानन्द यहाँ से बाहर जा कर यूरोप और अमरीका में वेदान्त फ़लसफ़े का प्रचार कर रहे थे। मुल्क में हर तरफ़ सियासी और तहज़ीबी तहरीकों की चर्चा हो रही थी, कांग्रेस बदरुद्दीन तैय्यबजी और दूसरे लीडरों की क़यादत में बड़े-बड़े इजलास कर रही थी।** (आग का दरिया : कर्तुल एन हैदर से उद्धृत, दीवान-ए-सराय, शहरनामा-02, पृ. 7)

इस औद्योगिकीकरण का एक असर वह था जो ग़ालिब पर दिख रहा था लेकिन दूसरी ओर इस औद्योगिकीकरण के साथ ही अंग्रेजों द्वारा अनाज की फ़सलों की जगह कपास, जूट, रबड़, चाय, कॉफ़ी आदि तकनीकी फ़सलों का उत्पादन बढ़ाकर भुखमरी की स्थिति पैदा कर दी गई। किसानों और खेतिहर मजदूरों का तेजी से गाँव से शहर की ओर पलायन शुरू हो गया। इस तरह

1. हरा भरा मैदान
2. बारिश
3. नज़र न लगे
4. खींचने वाला
5. शराब
6. शुद्ध और मनपसन्द

गाँव के लोग इन कल-कारखानों के लिए सस्ती श्रम-शक्ति का स्रोत बन गए। कलकत्ते के पास पूर्वांचलों से तेजी से विस्थापन शुरू हुआ। उस दौर के लोक साहित्य में इसकी मार्मिक छवियाँ मौजूद हैं। भिखारी ठाकुर के बिदेसिया नाटकों और उसके गीतों में जहाँ इसकी तीव्र पीड़ा है वहीं एक प्रतिरोध का स्वर भी है। परिवारों के टूटने और उजड़ने के नए संकट इन स्थितियों ने पैदा कर दिये थे।

गवना कराई पिया घर बइठवले/अपने गइले परदेस रे बिदेसिया।

या

पुरूब से आइलि रेलिया पछिम से जहजिया
पिया के लादि ले गइलि हो।
रेलिया ना बैरी जहजिया ना बैरी
उहे पइसवा बैरी हो
देसवा देसवा भरमावे।

इसी तरह कलकत्ता की एक छवि यह भी है कि

ठेला गाड़ी नोना पानी आ राणि के धक्का।
ए तीनों से बचल, त केलि करे कलकत्ता॥

(एक भोजपुरी महानगर : श्रीधर मिश्र, ज्ञानोदय, महानगर विशेषांक—2, दिसम्बर 1966, पृ. 55-56)

जो पीड़ा एक स्तर पर बिदेसिया और अन्य लोक साहित्य में दीख पड़ती है उसी की एक झलक कुछ भिन्न तरीके से हिन्दी कविता में भी लक्ष्य की जा सकती है। त्रिलोचन शास्त्री की बहुचर्चित कविता **चम्पा काले काले अच्छर नहीं चीन्हती** के अन्तिम हिस्से में इसके संकेत मिलते हैं—

मैंने कहा कि चम्पा, पढ़ लेना अच्छा है
ब्याह तुम्हारा होगा, तुम गौने जाओगी,
कुछ दिन बालम संग साथ रह चला जायगा जब कलकत्ता
बड़ी दूर है वह कलकत्ता
कैसे उसे सन्देसा दोगी
कैसे उसके पत्र पढ़ोगी
चम्पा पढ़ लेना अच्छा है!

चम्पा बोली : तुम कितने झूठे हो, देखा
हाय राम, तुम पढ़-लिख कर इतने झूठे हो

मैं तो ब्याह कभी न करूँगी
और कहीं जो ब्याह हो गया
तो मैं अपने बालम को संग साथ रखूँगी
कलकत्ता मैं कभी न जाने दूँगी
कलकत्ते पर बजर गिरे।

(चम्मा काले काले अच्छर नहीं चीन्हती, धरती : कविता संग्रह : त्रिलोचन, पृ. 88)

त्रिलोचन शास्त्री का यह संग्रह पहली बार 1945 में प्रकाशित हुआ था। सत्तर के दशक में आया ज्ञानेन्द्र पति का कविता संग्रह **शब्द लिखने के लिए ही यह कागज़ बना है** में कलकत्ता की कुछ अलग छवियाँ हैं। ये छवियाँ कलकत्ता के महानगर बनने के बाद की छवियाँ हैं। इसमें फुटपाथ पर रह रहे बिहार के टोकनी बनाने वाले गरीब परिवारों की छवियाँ हैं जो बरसात में अपने गाँव लौट जाते हैं और बरसात के बाद फिर उसी फुटपाथ पर लौट आते हैं। कलकत्ता में फुटपाथ पर रह रहे हजारों लोगों के जीवन की छवियाँ इस एक ही परिवार की छवियों में विन्यस्त हैं। यह वही कलकत्ता है जिसकी छवियाँ 'ट्राम में एक याद' जैसी प्रेम कविता में दूसरी तरह से आती हैं। यहाँ चेतना पारीक को याद करते हुए कवि कहता है—

उतना ही शोर है इस शहर में वैसा ही ट्रैफिक जाम है
भीड़-भाड़ धक्का-मुक्का ठेल-पेल ताम-झाम है
ट्यूब-रेल बन रही चल रही ट्राम है
विकल है कलकत्ता दौड़ता अनवरत अविराम है

इसी कविता की आगे की पंक्तियाँ हैं :

फिर आया हूँ इस नगर में चश्मा पोंछ-पोंछ देखता हूँ
आदमियों को किताबों को निरखता लेखता हूँ
रंग-बिरंगी बस-ट्राम रंग-बिरंगे लोग
रोग-शोक हँसी-खुशी योग और वियोग
देखता हूँ अबके शहर में भीड़ दूनी है
देखता हूँ तुम्हारे आकार के बराबर जगह सूनी है

चेतना पारीक, कहाँ हो कैसी हो ?
बोलो, बोलो, पहले जैसी हो ?

(ट्राम में याद : भिनसार : कविता संग्रह : ज्ञानेन्द्रपति, पृ. 53)

साठ के दशक में महानगर-बोध पर जो चर्चाएँ हुईं और अकविता के दौर में जो कविताएँ महानगर-बोध को लेकर लिखी गईं उससे ये कविताएँ भिन्न हैं। अकविता के महानगर-बोध पर हम आगे चर्चा करेंगे। हिन्दी का नगर-बोध वस्तुतः नगरों में हो रहे परिवर्तनों के साथ-साथ बदला है। प्राचीन कविता के नगरों के बनिस्बत समकालीन हिन्दी कविता का नगर अधिक जटिल संरचना है। वह उसके अन्तर्विरोधों और विरोधाभासों को देखने का प्रयास करता है। उसके लिए नगर सिर्फ़ चमकदार चौड़ी सड़कें और बहुमंजिला इमारतें या पाँच सितारा होटल भर नहीं हैं, वहाँ झुग्गियों और फुटपाथों का जीवन भी नगर की छवियों में शामिल है। इसकी समस्याएँ ज्यादा विकट हैं जो हमारी पूरी व्यवस्था पर भी प्रत्यक्ष और परोक्ष रूप से सवाल उठाती हैं।

जितेन्द्र श्रीवास्तव 90 के दशक के एक युवा कवि हैं। 2005 का भारतभूषण अग्रवाल पुरस्कार उनकी कविता—**ज़रूर जाऊँगा कलकत्ता** को प्रदान किया गया था। इस कविता को पुरस्कृत करते हुए हिन्दी के शीर्षस्थानीय कवि केदारनाथ सिंह ने टिप्पणी में लिखा था कि—**'ज़रूर जाऊँगा कलकत्ता' शीर्षक से आभास होता है कि यह कविता कलकत्ता के बारे में है। परन्तु वास्तविकता यह है कि इसके केन्द्र में ग़ालिब की प्रसिद्ध कलकत्ता-यात्रा की स्मृति है। पूरी कविता इस स्मृति के साथ की जाने वाली एक सर्जनात्मक यात्रा है।** इसके साथ ही उन्होंने इसे भी रेखांकित किया है **कि प्रस्तुत कविता के तल में दिल्ली और कलकत्ता—इन दोनों के बीच एक चुपचाप तनाव भी दिखाई पड़ सकता है, जो अन्तिम पंक्तियों में ख़ासतौर से ध्वनित है। यदि कविता में आए हुए एक टुकड़े का इस्तेमाल करें तो वस्तुतः यह कविता हमारी कविता के मस्तक मिर्ज़ा ग़ालिब की ऐतिहासिक कलकत्ता-यात्रा के प्रति एक युवा हिन्दी कवि की विनम्र काव्यांजलि है, जिसकी अर्थवत्ता वर्तमान सामाजिक—राजनीतिक सन्दर्भ में और बढ़ जाती है।** (सुन्दर-असुन्दर : जितेन्द्र श्रीवास्तव : कविता पर केदारनाथ सिंह की टिप्पणी, पृ. 50)

अभी और कितनी दूर है कलकत्ता
वही कलकत्ता
जहाँ पहुँचे थे कभी अपने मिर्ज़ा ग़ालिब
और लौटे थे
ज़ेहन में आधुनिकता लेकर

मैंने कितनी-कितनी बार दुहराया है
वह शेर
किसी सबक की तरह

जिसमें दुविधा के बीच
जीवन की राह तलाशता है शायर
वहाँ सवाल ईमान और कुफ्र का नहीं
वहाँ सवाल धर्मी और विधर्मी का नहीं

वहाँ सवाल एक नई रोशनी का है

इस कविता को ग़ालिब की कलकत्ता-यात्रा और ग़ालिब में आए परिवर्तन और ग़ालिब की कलकत्ता पर लिखी कविता के सन्दर्भ में ही नहीं, उस यात्रा के बाद की ग़ालिब की कविता में आए परिवर्तनों के साथ भी देखा जाना चाहिए। यह भी माना जाता है कि ग़ालिब को ग़ालिब बनाने में उनकी कलकत्ता-यात्रा की बहुत बड़ी भूमिका थी। ज़ेहन में जिस आधुनिकता को और उसकी रौशनी को लेकर ग़ालिब लौटे जितेन्द्र की कविता उस ओर संकेत करती है। इस कविता में नगर की ऐतिहासिक स्मृतियाँ उसके वर्तमान की छवियों के साथ हिल-मिल गई हैं :

ग़ालिब की यात्रा के सैकड़ों साल बाद
मैं हिन्दी का एक अदना-सा कवि
जा रहा हूँ कलकत्ता
मन में गहरी बेचैनी है
इधर बदल गए हैं हमारे शहर
वहाँ अदृश्य हो रहे हैं आत्मा के वृक्ष
अब कोई आँधी नहीं आती
जो उड़ा दे भ्रम की चादर

यह जादुई विज्ञापनों का समय है
यह विस्मरण का समय है
इस समय रिश्तों पर बात करना
प्रागैतिहासिक काल पर बात करने जैसा हो गया है
हमारे शहर बदल गए हैं
कलकत्ता भी बदल गया होगा
पर अभी कितनी दूर है वह
बैठे-बैठे पिरा रही है कमर

बढ़ती जा रही है हसरत
कितना समय लगा होगा ग़ालिब को

वहाँ पहुँचने में
महज़ देह नहीं
आत्मा भी दुखी होगी उनकी

(दीवान-ए-सराय 2, सी एस डी एस, शहरनामा के अनुसार ग़ालिब नवम्बर या दिसम्बर 1826 में दिल्ली से रवाना हुए थे और 21 फ़रवरी, 1827 को कलकत्ता पहुँचे थे। और लगभग दो बरस कलकत्ता में रहे थे।)

इसी कविता में आगे की दो पंक्तियाँ हैं :

जब हम देखते हैं किसी शहर को
वह शहर भी देखता है हमको

(ज़रूर जाऊँगा कलकत्ता : असुन्दर सुन्दर : कविता संग्रह : जितेन्द्र श्रीवास्तव, पृ. 19)

वस्तुतः कविता का नगर इसी द्वैत से बनता है, जिसमें एक कवि का नगर को देखना और नगर का कवि को देखना दोनों ही शामिल हैं।

चार

रामशरण शर्मा ने **भारत के प्राचीन नगरों का पतन** में लिखा है कि तीसरी शताब्दी के बाद शहरों का पतन तेजी से हुआ। गुप्त काल में मध्य गांगेय मैदानों में अनेक स्थलों पर तेजी से ह्रास हो रहा था। तीसरी–चौथी शताब्दी के पुराणों के कलियुग वर्णन में प्रतिबिम्बित सामाजिक संकट शहरों के पतन का महत्त्वपूर्ण कारण प्रतीत होता है। चौथी से छठी शताब्दी तक और इसके बाद प्रौद्योगिकी में कोई उल्लेखनीय प्रगति नहीं हुई। नगरों के गतन का दूसरा चरण छठी शताब्दी के बाद आया। इसका प्रारम्भ गुप्त साम्राज्य के पतन के बाद हुआ। आरम्भिक मध्ययुग में प्राचीन शहरों के पतन से एक नई अर्थव्यवस्था का प्रादुर्भाव हुआ जिसकी विशिष्टता शहरी संकुचन और कृषि के विस्तार में पाई जाती है। सम्भवतः इसी कारण सूर की कविता में शहरों के प्रति एक आलोचनात्मक दृष्टि भी दिखाई देती है। तुलसी के रामचरितमानस की एक व्याख्या वस्तुतः कृषि व्यवस्था के प्रादुर्भाव के सन्दर्भ में भी की गई।

शहरों के पतन के अनेक सन्दर्भ क्लासिक कविता में भी विद्यमान रहे हैं। **रघुवंश** में राम के परलोक गमन के बाद अयोध्या के उजड़ जाने का विशद वर्णन मिलता है। पुराणों में पांडवों की राजधानी हस्तिनापुर के विनाश का कारण गंगा की बाढ़ को उल्लेखित किया गया है। **महापरिनिब्बानसुत्त** में पाटलिपुत्र के विनाश का भी संभावित कारण जलप्लावन को माना गया है। इस तरह के अनेक सन्दर्भों का हवाला रामशरण शर्मा ने **भारत के प्राचीन नगरों का पतन** में दिए हैं। वराह मिहिर

की बृहत्संहिता में अनेक नगरों के पतन की ज्योतिष के आधार पर घोषणाएँ मिलती हैं। कहना न होगा कि इन घोषणाओं में गहरी काव्यात्मकता भी मौजूद रही है। रामशरण शर्मा का मत है कि पतन की प्रक्रिया से ही इस प्रकार की कल्पना को बल मिला होगा। वराह मिहिर की कुछ उक्तियों को देखा जा सकता है। उन्होंने लिखा है कि : **सूर्य के चापाकार उगने पर राजधानी नगरों के विनाश की स्थिति बनती है। सूर्योदय के समय सूर्याभिमुख पक्षियों की चीखों के साथ मेघ गर्जन से न्यायाधीशों अथवा प्रशासकों, राजाओं, धनिकों, सैनिकों, स्त्रियों, व्यापारियों और गणिकाओं का नाश होता है। पहले पहर में इससे बकरों, भेड़ों, शूद्रों, और नगरवासियों का, दूसरे पहर में राजसेवकों और ब्राह्मणों का तीसरे पहर में सौदागरों और बादलों का तथा चौथे पहर में चोरों का नाश होता है।** (भारत के प्राचीन नगरों का पतन : रामशरण शर्मा, पृ. 148)

इसी क्रम में यह भी कहा गया है कि **बुध ग्रह के संक्रमण से सौदागर, वैद्य, नाविक, मोती और शंख सीपी आदि जल से उत्पन्न वस्तुएँ और घोड़े दुखी होंगे।** (वही, पृ. 148)

वराहमिहिर लगभग 24 प्रकार के दस्तकारों—रंगरेज, शराब बनानेवाले, चित्रकार, कुआँ खोदने वाले सैनिक, वैद्य, पंसारी, अभिनेता, गायक, नर्तक पर विपत्ति की भविष्यवाणी करते हैं। इस सूची में चोर, डाकू, जुआरी और वेश्याएँ भी शामिल हैं। ये सब शहरी निवासी हैं।

वायुपुराण में उस शाप की चर्चा है जिससे वाराणसी उजड़ गई। **कामसूत्र, निशीथ चूर्णि, कुवलयमाला, बृहत्कथा, समराइच्छकहा** आदि अनेक प्राचीन ग्रन्थों में शहरों के बनने और उजड़ने की कथाएँ हैं।

उर्दू में शहरों के उजड़ने पर शह्र-आशोब लिखे गए। फ़िराक़ गोरखपुरी ने नज़ीर की बानी में लिखा है कि **पुराने ज़माने में फ़ारसी और उर्दू के कवि पूरे देश या पूरी जाति की मुसीबतें या बरबादियाँ नहीं लिखते थे। उस समय उस भावना का विकास बहुत कम हुआ था जिसे हम जातीयता या देशप्रेम कहते हैं। पूरे देश की और जाति की बरबादी भी राजधानी या बड़े नगरों में झलकती थी। ऐसे अवसरों पर किसी नगर की बरबादी या नगर-निवासियों की मुसीबत की कहानी दोहरायी जाती थी। अकसर ऐसी कविता का शीर्षक शह्र-आशोब होता था, यानी नगर में गड़बड़ और नगर निवासियों के जीवन की मुसीबतें, घर-बार लुट जाना, कारबार बन्द हो जाना और बेरोज़गारी फैल जाना। नज़ीर उस समय के आगरे का हाल लिख रहे हैं जब मुग़ल सल्तनत पर ज़वाल आ चुका है। जाट, रोहेले और दूसरी छोटी-छोटी जातियाँ लूट-मार कर रही हैं। अंग्रेजों का भी असर बढ़ रहा है और नगर के व्यवसाय धन्धों पर मुसीबत आ रही है।** (शह्र आशोब : नज़ीर की बानी : फ़िराक़ गोरखपुरी, पृ. 43)

उद्धरण के लिए 'आगरा बाज़ार' कविता के तीन पद यहाँ दे रहा हूँ।

है अब तो कुछ सुख़न का मेरे एख़तियार बन्द
रहती है तबअ[1] सोच में लैल-ओ-निहार[2] बन्द
दरिया सुख़न की फ़िक्र का है मौजदार, बन्द
हो किस तरह न मुँह में ज़बां बार-बार बन्द
जब आगरे की ख़ल्क़[3] का हो रोज़गार, बन्द
बेरोज़गारी ने ये दिखाई है मुफ़लिसी
कोठे की छत नहीं है, ये छाई है मुफ़लिसी
दीवार-ओ-दर के बीच समाई है मुफ़लिसी
हर घर में इस तरह से फिर आई है मुफ़लिसी
पानी का टूट जावे है जूं एक बार बन्द

और आखिरी पद है :

आशिक़ कहो असीर[4] कहो आगरे का है
मुल्ला कहो दबीर[5] कहो आगरे का है
मुफ़लिस कहो फ़क़ीर कहो आगरे का है
शायर कहो नज़ीर कहो आगरे का है
इस वास्ते ये उसने लिखे पाँच-चार बन्द

(वही, पृ. 45-50)

दीवान-ए-मीर में अली सरदार जाफ़री ने लिखा है कि **मीर इस बार दिल्ली पहुँचे तो वहाँ के गली कूचों में ख़ाक उड़ रही थी। यह हिन्दुस्तान की राजधानी नहीं थी बल्कि नादिर शाह की लूटी हुई नगरी थी। तीन दिन के क़त्ल-ए-आम (11, 12 और 13 मार्च, 1739 ई.) में तीस हज़ार से ज़्यादा आदमी मारे जा चुके थे और आठ मुग़ल ताजदारों के जमा किए हुए ख़ज़ाने नादिर शाह दस हज़ार ऊँटों, दस हज़ार घोड़ों और तीन हज़ार हाथियों पर लाद कर ले गया। अमीर तो अमीर ख़ुद दिल्ली का बादशाह तक फ़क़ीर हो गया था—**

क्या कहिए अपने अहद में जितने अमीर थे
टुकड़े प जान देते थे, सारे फ़क़ीर थे।

(दीवान-ए-मीर : अली सरदार जाफ़री, पृ. 251)

मीर का एक किस्सा बहुत प्रचलित है, हालाँकि **ज़िक्रे-मीर** में इसका उल्लेख नहीं मिलता और अली सरदार जाफ़री ने इसका ज़िक्र करते हुए भी इसे विश्वसनीय नहीं

---

1. तबियत, मन, 2. रात-दिन, 3. जनता, 4. क़ैदी, 5. मुंशी

माना है लेकिन इस किस्से से उस दौर में दिल्ली के उजड़ने का अहसास तो होता ही है : **लखनऊ में पहुँचकर, जैसा मुसाफ़िरों का दस्तूर है, एक सराय में उतरे। मालूम हुआ कि यहाँ आज एक जगह मुशायरा है। रह न सके। उसी वक़्त ग़ज़ल लिखी और मुशायरे में जाकर शामिल हुए। उनकी वेशभूषा, प्राचीन खिड़कीदार पगड़ी, पचास गज़ के घेर का जामा, एक पूरा थान पिस्तौलिए का कमर से बँधा, एक रूमाल पटरीदार तह किया हुआ, उसमें लटका हुआ, मशरू का पाजामा जिसकी अर्ज़ के पाँयचे, नागफनी की अनीदार जूती, जिसकी डेढ़ बालिश्त ऊँची नोक, कमर में एक तरफ़ सैफ़ यानी सीधी तलवार, दूसरी तरफ़ कटार, हाथ में जरीब (लकड़ी) अर्थात जब महफ़िल में दाख़िल हुए तो वह शहर लखनऊ, नए अन्दाज़, नई तराशें, बाँके टेढ़े जवान जमा, उन्हें देखकर सब हँसने लगे : मीर साहब बेचारे परदेसी, ज़माने के हाथों पहले ही दिल टूट चुका था और भी निराश हो गए और एक तरफ़ बैठ गए। शमा उनके सामने आई तो फिर सबकी नज़र पड़ी और कुछ लोगों ने पूछा कि हुज़ूर का वतन कहाँ है? मीर साहब ने यह क़त'अ तत्काल कहकर ग़ज़ल की तरह में दाख़िल किया :**

**क्या बूद-ओ-बाश[1] पूछो हो पूरब के साकिनो[2]
हमको ग़रीब जान के हँसहँस पुकार के**

**दिल्ली जो एक शहर था आलम[3] में इंतिख़ाब[4]
रहते थे मुन्तख़ब[5] ही जहाँ रोज़गार के**

**उसको फ़लक[6] ने लूट के वीरान कर दिया
हम रहने वाले हैं उसी उजड़े दयार के।**

(दीवान-ए-मीर : अली सरदार जाफ़री, पृ. 241)

शहरों के उजड़ने की इस दास्तान को अगर हम आज के सन्दर्भ के साथ जोड़ें तो विगत कुछ वर्षों में बनाए गए बड़े बाँधों के कारण टिहरी और इन्द्रासागर बाँध के कारण हरसूद जैसी कपास की मंडी, जो एक छोटा-सा शहर था, को खाली करवाकर उजाड़ा गया। विकास की प्रक्रिया के अपने तकाज़े और विडम्बनाएँ हैं। टिहरी के डूबने को लेकर हिन्दी में अनेक कविताएँ लिखी गईं। हरसूद के डूबने पर भी कविताएँ और कई लेख लिखे गए। 21वीं सदी में आए कवि वसन्त सकरगाए की एक कविता है—'हरसूद में बाल्टियाँ'। आग बुझाने के लिए रखी जाने वाली रेत भरी बाल्टियों का हवाला देते हुए, कवि कहता है कि कभी आग से ऐसी कोई तबाही नहीं हुई इस नगर में कि लोगों को उन बाल्टियों की ज़रूरत

1 रहन-सहन, 2. रहनेवालों, 3. संसार, 4. चुना हुआ, 5. चुने हुए लोग, 6. आकाश, भाग्य

होती। इसलिए लोग उनका इस्तेमाल पीकदान या एशट्रेकी तरह करते रहे लेकिन विडम्बना यह है कि एक दिन :

दुनिया की बड़ी से बड़ी अदालत में
ख़ुदा को हाज़िर नाज़िर मान
कि एक दिल की अदालत भी है यहाँ
दे सकता हूँ यह बयान
कभी नहीं बनी बड़ी तबाही की वजह आग
फिर किसने और क्यों फैलायी अफ़वाह यह
तबाही की हद तक फैलती है आग
बहरहाल करते हुए ज़मीनी आस्थाओं को ख़ारिज़
ज़िन्दा दफ़न, अमान्य हर शर्त तक
लिया गया फ़ैसला
कि पाट दिया जाए कोना-कोना
पानी से हरसूद का।

(हरसूद में बाल्टियाँ, निगहबानी में फूल : कविता संग्रह : वसन्त सकरगाए, पृ. 36)

स्वाधीन भारत का नगर-बोध :
नई नागरिकता और शहर बनाम गाँव

स्वाधीनता के बाद की हिन्दी कविता को अपना नगर-बोध एकाएक प्राप्त नहीं हो गया। भारत में नगरीकरण का पाँच हजार वर्ष का प्रदीर्घ इतिहास और पौराणिक और क्लासिक कविता में नगर की छवियों की स्मृतियों की भी उसमें भूमिका रही है। एक हद तक उस लोक साहित्य की भी, जिसमें औपनिवेशिक काल में बसाए गए औद्योगिक नगरों में रोज़गार के लिए गाँवों से होने वाले विस्थापन की विचलित कर देने वाली यादें मौजूद हैं। यहाँ तक कि गिरमिटिया बना कर ले जाए गए मजदूरों की स्मृतियाँ तो सौ दो सौ साल बाद भी पीछा कर रही हैं। लेकिन यह उस कविता के नगर-बोध का ही फैलाव या प्रसार है, ऐसा मानना भी गलत होगा। अपने अतीत की सारी अनुगूँजों के बावजूद स्वाधीनता के बाद की कविता ने अपने नगर-बोध को कठिन और सचेत प्रक्रियाओं से गुजरते हुए अर्जित किया है। सुनील खिलनानी ने लिखा है कि **आजाद भारत की सरकार ने अपना दफ़्तर शहर में ही खोला और शहर में ही भारतीय समाज के आधुनिकीकरण और विकास का नेहरूवादी स्वप्न परवान चढ़ा। ××× शहर में ही आधुनिकता के गर्भ से वे अन्तर्विरोध निकले जिन्होंने राष्ट्रीय जीवन का निर्माण किया।** (शहर और सपना : भारतनामा : सुनील खिलनानी, पृ. 123) भू-दृश्य, जीवन में अस्तित्व के संघर्ष और अधिक से अधिक नागरिक अधिकारों को प्राप्त करने के दुर्घर्षों के साथ ही राष्ट्र-राज्य की बदलती हुई संरचनाओं ने भी उसे निर्धारित किया है। इस तरह नगर-बोध और उसकी ज्ञानात्मक संवेदना की बनावट में फर्क भी आया है और उसका विस्तार भी हुआ है।

गणसंघ प्रणाली के बारे में जैसा कि रोमिला थापर का मत है कि **अभिजात होना और वंशानुगत भू-सम्पत्ति नागरिकता के लिए आवश्यक शर्त थी किन्तु धीरे-धीरे इसके मानदंड बदल गए और राज्य जब पूरी तरह प्रतिष्ठित हो गया तो नगर के सभी निवासी नागरिक हो गए।** (वंश से राज्य तक : रोमिला थापर, पृ. 138) नई नागरता का विस्तार इस तरह राज्य के उदय और विकसित होने से सम्बद्ध रहा है।

इसलिए कहीं न कहीं यह स्वीकार किया जाना चाहिए कि 1947 में स्वराज की स्थापना के बाद भारतीय मनुष्य के नगर-बोध में भी कुछ बुनियादी और गुणात्मक परिवर्तन हुए हैं। भारतीय मन में हुए इस परिवर्तन को कुछ हद तक समझने का एक सबसे विश्वसनीय साक्ष्य शायद कविता भी हो सकती है। नगर-बोध एक स्थिर मनोदशा नहीं है। वह नगरों के बनने, बिगड़ने, उजड़ने और पुनः बनने की प्रक्रियाओं के बीच बनती, बिगड़ती और बदलती रही है।

स्वातंत्र्योत्तर हिन्दी कविता के नगर-बोध और उसकी मनोरचना की जटिलताओं को समझने के लिए भारतीय संस्कृति के समावेशीपन को समझना भी ज़रूरी है। हमारे नगरों की जड़ें कहीं न कहीं अपने देहाती आधार में भी धँसी रही हैं। औपनिवेशिक समय में अनेक नगरों के बड़े औद्योगिक केन्द्र बनने और स्वाधीनता के बाद अनेक छोटे-बड़े औद्योगिक नगरों के निर्माण के बाद भी, आज भी बड़ी संख्या उन नगरों की है जो मैन्यूफेक्चरिंग गतिविधियों के केन्द्र नहीं हैं। राजधानी नगर हैं या धार्मिक और प्रशासनिक गतिविधियों के केन्द्र हैं। कई नगरों का आधार आज भी कारीगरी उत्पादन तक ही सीमित है या अधिक से अधिक वे व्यापारिक केन्द्र हैं।

मुझे लगता है कि भारतीय नगर की सामूहिक चेतना (कलेक्टिव कान्शसनेस) की निर्मिति में हमारे उत्सवों, त्यौहारों और विदग्ध गोष्ठियों की महत्त्वपूर्ण भूमिका पहले भी रही है। (**मृच्छकटिकम्** का स्मरण किया जा सकता है, जिसमें मदनोत्सव के बीच ही विद्रोह की शुरुआत होती है।) स्वाधीनता संग्राम, लोकतन्त्र और औद्योगिकीकरण और प्रतिरोध के आन्दोलनों की हमारी सामूहिक चेतना और नए नगर-बोध के निर्माण में महत्त्वपूर्ण भूमिका है। भूमंडलीकरण से पहले तक लेकिन हमारे मंझोले शहरों में जीवन की रफ़्तार थोड़ी धीमी रही है। फ़ुरसत के क्षण उसमें ज्यादा थे। ऐसे शहरों में अकसर ही ऐसे अनेक ठिकाने या कहना चाहिए कि अड्डे रहे हैं जहाँ अड्डेबाजी करना, गप्प गोष्ठियाँ करना, नगर का सामान्य चरित्र रहा है। इनसे बनने वाली सामूहिक चेतना एक स्तर पर सांस्कृतिक चेतना भी है। गप्प गोष्ठियों के सृजनात्मक अवकाश (क्रिएटिव स्पेस) में हर दिन बनते, बदलते किस्सों और मौखिक इतिहास ने जिस नगर-बोध को रचा है वह नगरकेन्द्रित कविता या नागर कविता और आख्यान की ज़रूरी अन्तर्वस्तु है। मुझे लगता है कि कविता में शहर की बहुलता और जटिलता को, उसकी सामाजिक राजनीतिक सक्रियता को अपने में समेट लेने और अभिव्यक्त करने की असाधारण क्षमता होती है। कविता इस अर्थ में आख्यान की तुलना में ज्यादा उन्मुक्त विधा है। उसे अपने ब्यौरों ओर विवरणों के बीच किसी सूत्रबद्धता की आवश्यकता नहीं होती। वह अन्तरालों और असम्बद्ध ब्यौरों के बीच तालमेल बनाती हुई एक वृहत नगर-भूदृश्य को सम्भव कर देती है। इस अर्थ में कविता का शहर, कथा के शहर से भिन्न संरचना है।

दो

इससे पहले कि हम स्वाधीनता के बाद बन रहे नगर–बोध और कविता के रिश्ते की पड़ताल करें, हमें नगर–बोध की निरन्तरता में आई उस क्रमभंगता पर भी विचार करना चाहिए जो गांधी के अफ़्रीका से लौटने के बाद शुरू हुए विमर्श से पैदा हुआ। वस्तुतः यह विमर्श पूरी तरह नया नहीं था। ब्रिटिश शासन और उनके प्रशासक भी मानते थे कि भारत एक ग्रामीण गणतंत्र है। प्राथमिक रूप से एक ग्रामीण अर्थव्यवस्था है। सुरिन्दर एस. जोढका ने 'इकनॉमिकल एंड पोलेटिकल वीकली' में अपने लेख **नेशन एंड विलेज, इमेज ऑफ रूरल इंडिया इन गांधी, नेहरू एंड अम्बेडकर** (अगस्त 10, 2002) में लिखा है कि आधुनिक भारतीय कल्पना में गाँव भारतीय समाज की एक मेथेडोलाजिक वेल्यू के अलावा विचारधारात्मक प्रवर्ग भी है। गांधी मानते थे कि गाँव राष्ट्रीय संस्कृति का ज़्यादा शुद्ध रूप है। औपनिवेशिक प्रशासकों के बरक्स राष्ट्रीय नेतृत्व गाँव को भारतीय सभ्यता की मूल इकाई मानता था। ज़्यादातर के लिए गाँव वास्तविक भारत का प्रतिनिधि था, जिसे देश को पुनः प्राप्त करना था, मुक्त करना था और परिवर्तित किया जाना था। यहाँ तक कि संविधान निर्माण करने वाली संसद, जिसे स्वतंत्र भारत का संविधान बनाना था, भी गाँव और व्यक्ति को भारतीय राजतंत्र की प्राथमिक इकाई के रूप में विचार करने के बारे में पूरी गम्भीरता के साथ विचार कर रही थी।

गांधी जिन्हें गाँव का प्रवक्ता माना जाता है, का गाँव से कोई वास्तविक सम्बन्ध नहीं था। उनका कोई पैतृक गाँव भी नहीं था। गाँव के बारे में उनका विचार वस्तुतः उनकी राजनीति का ज़रूरी हिस्सा है। उन्होंने भारतीय सभ्यता को पश्चिम से बराबर दिखाने का आह्वान किया। वह गाँव को शहर का प्रतिपक्ष बनाना चाहते थे और ग्राम जीवन को आधुनिक पश्चिमी संस्कृति और सभ्यता के विकल्प और उसके क्रिटीक के रूप में प्रस्तुत कर रहे थे। गांधी का कहना था कि **शहर की इमारत का निर्माण जिस सीमेंट से होता है वह गाँव के रक्त से बनाया जाता है।** (शहर और सपना : भारतनामा : सुनील खिलनानी, पृ. 141) वह गाँव को एक वैकल्पिक जीवन शैली के रूप में देखते थे। उन्होंने सम्भवतः 1894 में पहली बार भारतीय गाँव को एक राजनीतिक विचार के प्रतीक के रूप में प्रस्तुत किया। उन्होंने इस गाँव को ब्रिटिश इंडिया में बनाए गए औपनिवेशिक शहर के खिलाफ़ प्रतिपक्ष में खड़ा कर दिया। उनका मत था कि भारत में आधुनिक नगरों का विकास, पश्चिमी प्रभाव और औपनिवेशिक शासन का प्रतीक है। इस सारे विमर्श में एक प्रश्न कभी–कभी परेशान करता है कि आखिर गांधी ने पूर्व औपनिवेशिक भारतीय नगर और नगरीकरण की प्रदीर्घ परम्परा को कभी प्रतीक क्यों नहीं बनाया ? गांधी ने लिखा कि मेरे लिए कलकत्ता और बम्बई जैसे नगरों का उदय बधाई के बजाए दुख का विषय है। यह सही था कि औद्योगिक नगरों से पैदा हो रही विस्थापन और दीगर मानवीय समस्याओं

के बारे में गांधी के विचार महत्त्वपूर्ण थे लेकिन उसका मूल कारण सिर्फ़ नगर नहीं थे। उन्होंने कहा कि गाँव साल में छह से आठ माह के लिए सुनसान हो जाते हैं। ग्रामीण बाम्बे चले जाते हैं, अस्वस्थ और अनैतिक स्थितियों में काम करते हैं। फिर बारिश के दिनों में लौट आते हैं। और भ्रष्टाचार, मद्यपान की आदत और बीमारियों को अपने साथ ले आते हैं।

गांधी के शामिल होने से पहले राष्ट्रीय स्वाधीनता आन्दोलन मुख्य रूप से शहरी प्रक्रिया था या कहें कि शहर केन्द्रित था। **गांधी ने गाँव के विचार को औपनिवेशिक शहर के ख़िलाफ़ गर्व के साथ खड़ा कर दिया।** (वही, पृ. 139) उनका मत था कि भारत का हृदय देखना है तो बड़े शहरों को नज़रअन्दाज करें। गांधी का मत था कि औपनिवेशिक सत्ता से स्वतंत्रता अर्थवान हो सकती है यदि वह गाँव को उसकी स्वायत्तता लौटा सके। (सन्दर्भ : नेशन एंड विलेज : इमेजेज़ ऑफ रूरल इंडिया इन गांधी नेहरू एंड अम्बेडकर : सुरिन्दर एस जोढका, ई पी डब्ल्यू, पृ. 3343 से 3352) गांधी के इस विमर्श का गहरा असर हिन्दी कविता पर हुआ। हालाँकि मुझे लगता है कि एक स्तर पर एक अजीब-सा विरोधाभास भी उस कविता में दिखाई देता है कि वह अपने भाषिक व्यवहार में, अपने शिल्प में यहाँ तक कि अपने देखने के ढंग में नागर कविता है पर वह गाँव के पक्ष में बयान दे रही होती है। हिन्दी में खासतौर से प्रेमचन्द की कहानी और उपन्यास में जिस तरह गाँव के अन्तर्विरोध और पीड़ा का बखान हुआ, गांधी के विचारों से प्रेरित कविता में ऐसा नहीं हुआ या लगभग नहीं हुआ। कविता गाँव का शुक्ल पक्ष ही सामने रखती रही उसके कृष्ण पक्ष पर उसकी निगाह नहीं थी। गांधी के लिए औपनिवेशिक काल में बसाए गए नगर भारत की वास्तविक विपत्ति के दाग थे।

नेहरू के विचार गांधी से भिन्न थे। वह लगातार गांधी के साथ पत्राचार में इसे व्यक्त भी कर रहे थे। नेहरू ने कभी अपने को भारतीय गाँव के साथ आइडेंटीफाई (अपनी पहचान नहीं बनाई) नहीं किया। नेहरू को ग्रामीण समाज की स्वायत्तता, जाति प्रथा और संयुक्त परिवार की जीवन शैली में कुछ भी विशिष्ट नहीं लगता। उनके विचार से मध्यकाल में ये विशेषताएँ सभी देशों के ग्रामीण समाज में पायी जाती हैं। और इसमें व्यक्ति की स्थिति दूसरे दर्जे की हो जाती है। वह गांधी की तरह ग्रामीण गणतंत्र को कभी स्वीकार नहीं कर पाए और ना ही वह इसके प्रशंसक हो सके।

वह इस बात पर ज़ोर देते हैं कि ग्रामीण स्वराज व्यवस्था का बहुत पहले ही पतन हो चुका है और उसमें कई बीमारियों ने घर कर लिया है। नेहरू समकालीन ग्रामीण स्थितियों पर बहस करते हैं। नेहरू को गाँव की पारम्परिक सामाजिक संरचना के पुनर्जीवन में किसी तरह की नैतिकता दिखाई नहीं देती। उन्होंने **भारत की खोज** में गाँव के बारे में आलोचना करते हुए माना कि गाँव की संरचना मनुष्य

की स्थिति को अवमूल्यित करती है और अपनी वर्तमान परिस्थितियों से बाहर आने के अवसरों से वंचित करती है। आज के समाज के सन्दर्भ में जातिप्रथा, अयोग्य, प्रतिक्रियावादी, नियामक और प्रगति में बाधक है। वर्तमान फ्रेमवर्क में, इसमें स्थिति और अवसर की कोई समानता नहीं, न हीं इसमें किसी तरह का राजनीतिक जनतंत्र है और आर्थिक जनतंत्र भी बहुत कम है। नेहरू के विचार ग्राम की वर्गीय संरचना के बारे में आधुनिक सोच को प्रतिबिम्बित करते हैं। उदाहरण के लिए भूमिपतियों (सामन्तों) के बारे में उनका मानना है कि वह भौतिक और बौद्धिक रूप से विकृत वर्ग है। पतित है। जो अपना जीवन जी चुका है। उनका विचार है कि सामन्तशाही मूलतः ब्रिटिश राज से आर्गेनिक रूप से जुड़ी है और भारत में पहली बार ब्रिटिश हुकूमत ने ही इसे बहुत विध्वंसक रूप से लागू किया। यहाँ डॉ. रामविलास शर्मा की **भारत में अंग्रेजी राज और मार्क्सवाद** का भी स्मरण किया जा सकता है, रामविलास शर्मा भी मानते हैं कि अंग्रेजों ने भूमि पर इज़ारा कायम करके सामन्तवाद का विस्तार किया ना कि पूँजीवाद का।

भारतीय कृषि समाज में वर्ग और वर्गीय संरचना को लेकर नेहरू का दृष्टिकोण वैज्ञानिक है जबकि गांधी हमेशा ही लोकलुभावन भाषा में बोलते रहे। गांधी भारतीय गाँव की मूल आत्मा को पुनर्जीवित करने की वकालत करते हैं जबकि नेहरू गाँव की सामाजिक, आर्थिक संरचना को परिवर्तित करके, उसे आधुनिक प्रौद्योगिकी से जोड़कर कृषि सम्बन्धों को परिवर्तित करने पर ज़ोर देते हैं। उनके विचार में स्वतंत्र भारत में भूमिपतियों और सामन्तवाद के लिए कोई जगह नहीं है। नेहरू औद्यागिकीकरण को अपरिहार्य मानते थे और गांधी आधुनिक शहरीकरण को औपनिवेशिक आधिपत्य की निशानी मानते थे। नेहरू का मत था कि औद्योगिक विकास और शहरीकरण ज़मीन पर आश्रित रहने के भार को कम करेगा और गाँव में रहने वालों के लिए भी मददगार होगा। एसोसिएट चेम्बर ऑफ कामर्स में 1947 में बोलते हुए उनका मत था कि हम किसानों और खेती का काम करने वालों की मदद करना चाहते हैं। इंडस्ट्री भारत में प्रभावी महत्त्व रखती है। कृषि समृद्धि को पैदा करती है लेकिन वह और अधिक सम्पन्नता का उत्पादन कर सकती है यदि अधिक लोगों को कृषि से निकाल कर इंडस्ट्री में लाया जाए। वास्तव में कृषि को विकसित करने के लिए हमें इंडस्ट्री को विकसित करना होगा, ये दोनों आपस में जुड़े हैं। आधुनिक प्रौद्योगिकी के बारे में नेहरू के विचार गांधी से एकदम विपरीत छोर पर खड़े नज़र आते हैं। कृषि में तारीखबदर प्रविधियों के इस्तेमाल की नेहरू आलोचना करते हैं। उनका मानना था कि इस तरह की प्रौद्योगिकी के उपयोग के कारण किसान उससे बहुत कम पैदा कर पा रहे हैं, जितना वे पैदा कर सकते हैं। इसलिए नई प्रौद्योगिकी और नई प्रविधियों को सीखने पर उनका ज़ोर था। (नेशन एंड विलेज : सुरिन्दर एस जोढका के लेख में व्यक्त विचारों के आधार पर)

अम्बेडकर, गांधी और नेहरू दोनों से भिन्न विचार रखते थे और गाँव की वर्तमान संरचना को लेकर तीखी आलोचना करते हैं। उनके मत में गाँव एक इकाई नहीं है, यह दो भागों में बँटी है। जनसंख्या की दो श्रेणियों में—अछूत और सवर्ण। सवर्ण बहुसंख्यक समुदाय है और अछूत एक अल्पसंख्यक समुदाय। सवर्ण गाँव के अन्दर रहता है और अछूत गाँव से बाहर, पृथक घरों में। ये ग्राम स्वराज भारत को नष्ट कर रहा है। ये गाँव—स्थानीयता के नाबदान, अज्ञानता की माँद, दिमागी संकीर्णता और साम्प्रदायिकता के सिवा क्या है। जिस ग्राम स्वराज पर हिन्दू गर्व करते हैं, उसमें अछूतों की स्थिति क्या है? इस गणराज्य में जनतंत्र के लिए कोई जगह नहीं। इसमें समानता के लिए कोई जगह नहीं। इसमें स्वतंत्रता के लिए कोई जगह नहीं। भारतीय गाँव गणराज्य का निषेध है। ये गणराज्य अछूतों पर हिन्दुओं का साम्राज्य है। ये हिन्दुओं का उपनिवेश है जिसे अछूतों का शोषण करने के लिए रचा गया है। (वही)

इस विमर्श में तीनों ही प्रमुख चिन्तकों के अलावा भी कई अन्य विचारकों चिन्तकों की अपनी दृष्टियाँ रही हैं और उनके अलग-अलग तथा मिले-जुले प्रभाव भी हिन्दी कविता और गद्य पर परिलक्षित होते रहे हैं। यही नहीं, उपरोक्त तीनों चिन्तकों की दृष्टि में भी समय-समय पर कई परिवर्तन होते रहे हैं। स्वयं गांधी की दृष्टि में गाँव को लेकर परिवर्तन हुए थे। विजयदेव नारायण साही ने लिखा था कि **गांधी जी का मनुष्य इतिहास के भीतर भी है, इतिहास के बाहर भी। कालबद्ध भी है, कालातीत भी। क्या इसी कारण गांधीवाद का सबसे सीधा और सबसे सशक्त प्रतिफलन उपन्यासों और कहानियों में ही हुआ है। काव्य और नाटक पर रवीन्द्रनाथ कुछ ज़्यादा छाए हुए हैं?** (लघुमानव के बहाने हिन्दी कविता पर एक बहस : छठवाँ दशक : विजयदेव नारायण साही, पृ. 267) हालाँकि इस विचार से पूरी तरह सहमत होना थोड़ा मुश्किल है। यह बात कुछ हद तक छायावाद की कविता पर अगर लागू भी हो पर द्विवेदी युग और बाद की कविता पर इसे ठीक-ठीक लागू करना सम्भव नहीं है। मैथिलीशरण गुप्त, सियाराम शरण गुप्त आदि पर गांधीवाद के प्रभाव लक्ष्य किए जा सकते हैं और छायावाद में भी पन्त पर इसे लक्ष्य किया जा सकता है। यहाँ तक कि प्रगतिवाद पर भी इसकी छाया देखी जा सकती है। प्रगतिवाद और बाद की कविता पर इसी तरह नेहरू के विचारों के और वर्तमान में दलित कविता पर अम्बेडकर के विचारों की छायाएँ देखी जा सकती हैं।

तीन

नगर-बोध में उपरोक्त विमर्श के बाद आई क्रमभंगता के कारण कभी-कभी लगता है कि हिन्दी कविता में अपने को नागर कविता मानने के प्रति एक गहरी हिचक और संकोच काम करता रहा है। (कभी-कभी एक अपराध बोध-सा भी!) हिन्दी

आलोचना में कविता के नगर-बोध को लेकर किसी उल्लेखनीय काम का साक्ष्य नहीं मिलता। हो सकता है कि यह मेरी अल्पज्ञता के कारण भी हो। इसके बरक्स लेकिन उर्दू कविता और अंग्रेजी की भारतीय कविता पर नगर और कविता के सम्बन्धों पर अनेक लेख और किताबें दिखाई देती हैं। यह भी दिलचस्प है कि उर्दू कविता में गाँव बरक्स शहर को लेकर कोई बहस सामान्यत: दिखाई नहीं देती। 19वीं सदी की कविता में भी नगरों की अनेक छवियाँ मौजूद रही हैं। ग़ालिब में तो औपनिवेशिक काल में बसाए गए औद्योगिक नगरों की भी अनेक छवियाँ मौजूद हैं। हिन्दी कविता में भी औद्योगिक नगरों की कुछ छवियाँ खोजी जा सकती हैं लेकिन तस्वीर बहुत स्पष्ट नहीं है। स्वाधीनता के बाद की कविता जो कि अपनी भाषा, शिल्प और पूरे काव्य-व्यवहार के स्तर पर पूरी तरह नागर कविता है, में अपने को नागर कविता मानने का साहस कम ही रहा है। नगर के प्रति वह आलोचनात्मक के साथ ही बहुत बार नकारात्मक भी है। अज्ञेय की बहुचर्चित कविता है :

साँप तुम सभ्य तो हुए नहीं
नगर में बसना भी तुम्हें नहीं आया
एक बात पूछूँ—(उत्तर दोगे)
तब कैसे सीखा डसना—विष कहाँ पाया ?

(साँप : सदानीरा : कविता समग्र : अज्ञेय, पृ. 269)

इस कविता के कई पाठ हो सकते हैं। एक स्तर पर यह नगर के प्रति नकारात्मक कविता भी लगती है। यह भी सम्भव है कि यह नए नगर के प्रति तीखी आलोचना से उपजी कविता हो। लेकिन इसमें कहीं न कहीं जो पूर्ण निषेध का स्वर है वह नगर का अस्वीकार अधिक है। इसी तरह **पश्चिम से तीन कविताएँ** की दूसरी कविता **महानगर : रात** (नई कविता : सम्पादक : डॉ जगदीश गुप्त, विजयदेव नारायण साही, अंक तीन, 1956) में भी अज्ञेय इस सभ्यता पर प्रश्न खड़े करते हैं। लेकिन कहीं न कहीं इन प्रश्नों के बीच नगर के कुछ काले चेहरे को देखने और उसकी छवियों को दर्ज़ करने की कोशिश भी इस कविता में नज़र आती है। यह सही है कि कवि शहर की कुरूपता को अनदेखा नहीं कर सकता लेकिन वह उसके उज्ज्वल पक्ष को भी अनदेखा नहीं कर सकता। अज्ञेय की कविता नगर के प्रति नकारात्मक ही अधिक है हालाँकि उनकी कविता की जड़ें गाँव या लोक में धँसी हों ऐसा भी नहीं है। **सिटी स्केप इन इंडियन इंगलिश पोएट्री** में के.एन. पांडेय ने लिखा है कि यह विडम्बना ही है कि यह (नगर) एक ऐसी जगह है जो हर तरह की अमानवीय गतिविधियों का भी स्रोत है। शहर की वास्तविक अवधारणा और वास्तविक नगर में एक चौड़ी खाई है। (सन्दर्भ : इंडियन राइटिंग इन इंगलिश : क्रिटिकल एक्सप्लोरेशन :

सम्पादक : अमरनाथ प्रसाद में के.एन. पांडेय का लेख) स्वाधीनता के बाद की कविता के नगर में निजी और सार्वजनिक स्पेस के बीच एक धुँधलापन भी है और शायद इसमें नगर को लेकर जो नकारात्मकता है वह इसीलिए अपरिहार्य भी है। अज्ञेय की कविता इस अमानवीयता को रेखांकित करते हुए सभ्यता के प्रश्न उठाती है :

धीरे-धीरे-धीरे चली जाएँगी
सभी मोटरें, बुझ जावेंगी
सभी बत्तियाँ, छा जावेगा
एक तनाव-भरा सन्नाटा

जो उस को अपने भारी बूटों से रौंद-रौंद चलने वाले
वर्दीधारी का
प्यारा नहीं, किन्तु वांछित है।
तब जो
पत्थर-पिटी पटरियों पर इन
अपने पैर पटकता और घिसटता
टप्-थब्, टप्-थब्, टप्-थब्,
नामहीन आएगा,
तब जो
ओट-खड़ी खम्भे के अँधियारे में चेहरे की मुर्दनी छिपाए
थकी उँगलियों से सूजी आँखों से रूखे बाल हटाती
लट की मैली झालर, के पीछे से
बोलेगी :

दया कीजिए, जेंटिलमैन...
और लगेगा झूठा जिस के स्वर का दर्द
क्योंकि अभ्यास नहीं है अभी उसे सच के अभिनय का,

इसी कविता में आगे का, और अन्तिम अंश है :

होगा ?
क्या ? ये खेल-तमाशे, ये सिनेमाघर और थियेटर ?
रंग-बिरंगी बिजली द्वारा किए प्रचारित
द्रव्य जिन्हें वह कभी नहीं जानेगा ?
यह गलियों की नुक्कड़-नुक्कड़ पर पक्के पेशाबघरों की सुविधा,
ये कचरा पेटियाँ सुघड़, रंगीन (आह,

कचरे के लिए यहाँ कितना आकर्षण!) ?
असन्दिग्ध ये सभी सभ्यता के लक्षण हैं
और सभ्यता
बहुत बड़ी सुविधा है
सभ्य, तुम्हारे लिए।

किन्तु क्या जाने
ठोकर खा कर कहीं रुके वह
आँख उठा कर ताके
और अचानक तुम को ले पहचान :
अचानक पूछे
धीरे-धीरे धीरे :
हाँ, पर मानव,
तुम हो किस के लिए ?

(महानगर : रात : अज्ञेय, नई कविता : काव्यपक्ष, खंड-तीन, पृ. 158-159)

नई कविता आन्दोलन और तारसप्तक के ही दूसरे कवि हैं गजानन माधव मुक्तिबोध। मुक्तिबोध का नगर-बोध अज्ञेय से एकदम भिन्न है। विजय कुमार मानते हैं कि तारसप्तक के कई कवियों में नगर-बोध पहली बार बड़े स्पष्ट रूप में दिखाई पड़ता है। विजय कुमार का मानना है कि **तारसप्तक के अपने वक्तव्य में मुक्तिबोध ने कलाकार की स्थानान्तरगामी प्रवृत्ति (माइग्रेशन इंस्टिक्ट) पर बहुत ज़ोर दिया है। मैं समझता हूँ कलाकार के विस्थापित होने का यह मुद्दा पहली बार मुक्तिबोध उठाते हैं। मुक्तिबोध प्रान्त-परिवर्तन की एक बड़ी महत्त्वपूर्ण बात भी अपने वक्तव्य में करते हैं। कलाकार का यह माइग्रेशन, यह विस्थापन, यह अपनी जड़ों से उन्मूलन क्या हिन्दी के अन्य किसी कवि में आया था ? मुक्तिबोध इस मुद्दे को भारतीय सन्दर्भ में एक फिनोमिना की तरह देखते हैं। मुक्तिबोध के यहाँ यह विस्थापन मानसिक तो था ही, विशुद्ध भौतिक अर्थों में अपनी जड़ और ज़मीन और सांस्कृतिक परम्परा से उखड़ जाने की सच्चाई से भी जुड़ा हुआ है। वे नागरिक बोध के संकट को व्याख्यायित करने वाले हमारे पहले कवि हैं।** (महानगरीय संवेदना और हिन्दी कविता : कवि विजय कुमार से अनूप सेठी की बातचीत, वसुधा 65, अप्रैल-जून, 2005 पृ. 76) वाल्टर बेन्जामिन कविता में शहर की दौड़ती-भागती वास्तविकताओं को एक फ्लीटिंग रियलिटीज़ की तरह देखते हैं। विजय कुमार मानते हैं कि इस तरह बाह्य और आंतरिक की परम्परागत छवियाँ और उसके अन्तराल हमारे नए अनुभवों में गड्ड-मड्ड हो जाते हैं। और पूरा दृश्य-विधान सिनेमेटोग्राफिक लगता है।

मुक्तिबोध **अँधेरे में** कविता में इन सिनेमेटोग्राफिक प्रविधियों का बहुत बेहतर ढंग से इस्तेमाल करते हैं। विजय कुमार का मत है कि ऐसी कविताओं में मनोभावों के आकस्मिक-कट्स मिलेंगे। आधुनिक कविता में शिल्प के कोलाज की शैली मानसिक क्रमभंगताओं (रपचर) से जन्मी है। 'चाँद का मुँह टेढ़ा है' कविता के कुछ अंश मुक्तिबोध की कविता में नगर की छवियों को देखने के उनके ढंग को समझने के लिए महत्त्वपूर्ण हो सकते हैं। मुक्तिबोध अपनी कविता में आकस्मिक कट्स और क्रमभंगता तथा सिनेमेटोग्राफिक प्रविधियों का उपयोग करते हुए नगर के बहुसंस्तरीय यथार्थ को उजागर करते हैं।

नगर के बीचो-बीच
आधी रात-अँधेरे की काली-स्याह
शिलाओं से बनी हुई
भीतों और अहातों के, काँच-टुकड़े जमे हुए
ऊँचे-ऊँचे कन्धों पर

चाँदनी की फैली हुई सँवलायी झालरें।
कारख़ाना—अहाते के उस पार
धूम्र मुख चिमनियों के ऊँचे-ऊँचे
उद्‌गार—चिन्हाकार-मीनार,
मीनार के बीचो-बीच
चाँद का है टेढ़ा मुँह!!
भयानक स्याह सन् तिरपन का चाँद वह!!
गगन में कर्फ़्यू
धरती पर चुपचाप ज़हरीली छिः थूः है!!

(चाँद का मुँह टेढ़ा है : कविता संग्रह : मुक्तिबोध, पृ. 29)

इस कविता में सन् 1953 के नगर का दृश्य है, याने हिन्दुस्तान के गणराज्य बनने के तत्काल बाद के नगर का। नेहरू युग का। लेकिन मुक्तिबोध नगर के सिर्फ़ अँधेरे-उजाले कोनों-कुचालों को ही दर्ज़ नहीं करते, वह उस नागर-चेतना को भी अपनी कविता का हिस्सा बनाते हैं जो प्रतिरोध की चेतना है। नागर-कविता में अक्सर इन छवियों को कम ही दर्ज़ किया जाता रहा है। इसी कविता का एक और अंश है :

चिपकाता कौन है
मकानों की पीठ पर
अहातों की भीत पर
बरगद की अजगरी डालों के फन्दों पर

अँधेरे के कन्धों पर
चिपकाता कौन है?
चिपकाता कौन है
हड़ताली पोस्टर
बड़े-बड़े अक्षर
बाँके-तिरछे वर्ण और
लम्बे-चौड़े घनघोर
लाल-नीले भयंकर

हड़ताली पोस्टर!!
टेढ़े-मुँह चाँद की ऐयारी रोशनी भी ख़ूब है
मकान-मकान घुस लोहे के गज़ों की जाली
के झरोखों को पार कर
लिपे हुए कमरे में
जेल के कपड़े-सी फैली है चाँदनी,
दूर-दूर काली-काली
धारियों के बड़े-बड़े चौखट्टों के मोटे-मोटे
कपड़े-सी फैली है
लेटी है जालीदार झरोखे से आई हुई
जेल सुझाती हुई ऐयारी रोशनी!!

(चाँद का मुँह टेढ़ा है : कविता संग्रह : गजानन माधव मुक्तिबोध, पृ. 35)

प्रतिरोध और शासन द्वारा चलाए जा रहे दमन की छायाएँ यहाँ फैली हुई हैं।

बीसवीं शताब्दी की सबसे महत्त्वपूर्ण लम्बी कविता 'अँधेरे में' के बारे में 'चाँद का मुँह टेढ़ा है' की भूमिका में शमेशर बहादुर सिंह ने लिखा था कि नागपुर की एंप्रेस मिल के मजदूरों पर जब गोली चली थी, तो रिपोर्टर की हैसियत से मुक्तिबोध घटना स्थल पर मौजूद थे। उन्होंने सिरों का फूटना और ख़ून का बहना अपनी आँखों से देखा था। **लक्षित मुक्तिबोध** में अनिल कुमार का मत है कि 'अँधेरे में' कविता की पृष्ठभूमि एंप्रेस मिल गोलीकांड से सम्बन्धित है। 'अँधेरे में' कविता लगभग नेहरू युग की समाप्ति के समय यानी लगभग 1963 के आसपास पूरी की गई कविता है। शायद इसीलिए नेहरू के प्रति एक मोह के बावजूद यह नेहरू युग का पहला महत्त्वपूर्ण क्रिटीक भी है। 'नया ख़ून' (18 सितम्बर, 1953) में लिखे अपने कॉलम में मुक्तिबोध ने तत्कालीन नागपुर शहर की कई छवियों को दर्ज किया है। उन्होंने लिखा कि **किसी ज़माने में मैंने एडिनबरा (स्कॉटलैंड, ब्रिटेन) के बारे में किसी**

प्रसिद्ध इंगलिश निबन्धकार का एक लेख पढ़ा था। अपने नगर के विकास के सम्बन्ध में लिखते हुए उसने यह कहा कि शहर का जो हिस्सा पुराना पड़ जाता है (एक ज़माने में वह नया था और उसमें बड़े-बड़े सरदार और धनी लोग रहते थे), उसमें अब ग़रीब लोग रहते हैं, और धनियों ने अपने मुहल्ले अलग बसा लिये हैं। जो मोहल्ला बहुत पुराना पड़ जाता है, ग़रीबों के पल्ले पड़ता है और नया धनियों के ज़िम्मे आता है। यह प्रक्रिया स्पष्ट होती है ठीक पचास सालों के दरमियान, लेकिन वह चलती रहती है सदा-सर्वदा।

कहने का सारांश यह कि आजकल के शहरों में नई बस्ती, पुरानी बस्ती, नया इलाहाबाद, पुराना इलाहाबाद, नई देहली, पुरानी देहलीवाला सत्य सब जगह लागू है। नए पुराने का भेद असल में ग़रीब और अमीर का भेद है। एक ही शहर की दो संस्कृतियाँ हैं—एक ग़रीब संस्कृति और दूसरी अमीर संस्कृति।

अनेक दृश्यों के विवरण के साथ उन्होंने लिखा कि **इन अँधेरी गलियों में ज़िन्दगी के कितने विद्रूप चित्र हैं।** (मुक्तिबोध रचनावली : खंड-6 : सम्पादक : नेमिचन्द्र जैन, पृ. 37-40)

'अँधेरे में' कविता का एक अंश है :

सुनसान चौराहा साँवला फैला
बीच में वीरान गेरूआ घंटाघर,
ऊपर कत्थई बुज़ुर्ग गुम्बद,
साँवली हवाओं में काल टहलता है।
रात में पीले हैं चार घड़ी-चेहरे,
मिनिट के काँटों की चार अलग गतियाँ,
चार अलग कोण,
कि चार अलग संकेत
(मनस् में गतिमान् चार अलग गतियाँ)
खम्भों पर बिजली की गरदनें लटकीं,
शर्म से जलते हुए बल्बों के आस-पास
बेचैन ख़यालों के पंखों के कीड़े
उड़ते हैं गोल-गोल
मचल-मचल कर।
घंटाघर तले ही पंखों के टुकड़े बीट व तिनके।
गुम्बद-विवर में बैठे हुए बूढ़े
असम्भव पक्षी

बहुत तेज़ नज़रों से देखते हैं सब ओर,

मानो कि इरादे
भयानक चमकते।
सुनसान चौराहा,
बिचारी हैं गतियाँ, बिखरी है रफ़्तार,
गश्त में घूमती है कोई दुष्ट इच्छा।
भयानक सिपाही जाने किस थकी हुई झोंक में
अँधेरे में सुलगाता सिगरेट अचानक
ताँबे से चेहरे की ऐंठ झलकती।

(अँधेरे में, चाँद का मुँह टेढ़ा है : कविता संग्रह : मुक्तिबोध, पृ. 265–266)

अनुभव, वेदना, विवेक–निष्कर्ष, विचारों की रक्तिम अग्नि के मणि जो कविता के नायक के अपने थे उन सबको वह लोक–हित के क्षेत्र से वंचित कर चुका है। ऐसा अगर वह नहीं करता तो उसे डर है कि उसके बच्चों को भीख माँगने की नौबत आ जाती। लेकिन इस सब के बावजूद जूझना ही तय है। सीन बदलता है। यह पंक्ति कविता में आकस्मिक कट्स पैदा करती है। चौराहे पर घंटाघर की घड़ी में मिनिट के काँटों की चार अलग गतियाँ हैं। चार कोण हैं। यह एक ऐसे समय का दृश्य है जब सारी गतियाँ बिखर गई हैं। मुक्तिबोध वस्तुतः एक शहर के लोकेल में पूरे देश और समय को समेट लेते हैं। इस दृश्य में ही बार–बार कुछ पंक्तियों की पुनरावृत्ति होती है **भागता मैं दम छोड़/घूम गया कई मोड़। कहीं आग लग गई/कहीं गोली चल गई।**

चार

विजय कुमार ने लिखा है कि **शहर हमारे आधुनिक कवियों के लिए एक सामान्य सन्दर्भ नहीं, एक टेक्स्ट है। एक पाठ है। सारी गतिविधियों की एक लीलाभूमि है। और साथ ही यह भी कि एक स्थान विशेष कविता की भाषा में जब एक मैटाफर, एक प्रतीक या एक चरित्र बनकर उभरता है तो वह शहर अपनी भौतिक सत्ता से कहीं आगे जाकर एक सामाजिक सांस्कृतिक सन्दर्भ बन जाता है।** (वसुधा 65, अप्रैल–जून, 2005, पृ. 70) मुझे लगता है कि स्वाधीनता के बाद की कविता का शहर देश के नए यथार्थ का पुनर्सृजन है, उसकी सौन्दर्य दृष्टि का भी और सम्भवतः इसी में उसकी राजनीति भी अन्तर्निहित है। नई कविता के दौर में लिखी गई ऐसी अनेक कविताएँ हैं जो सीधे नगर की छवियों को दर्ज़ नहीं करतीं, वहाँ शहर एक टेंडेंसी, एक प्रवृत्ति के रूप में प्रकट होता है। इस सन्दर्भ में तीसरा सप्तक के कवि मदन वात्स्यायन की **असुरपुरी में दस से छह, सरकारी कारख़ाने में कर्मचारी की चिन्ता,** दूसरा सप्तक के कवि भवानी प्रसाद मिश्र की **सन्नाटा, गीत फ़रोश,** शकुन्त माथुर

की **लीडर निर्माता**, सर्वेश्वरदयाल सक्सेना की **यहीं कहीं एक कच्ची सड़क थी**, शिवकुटीलाल वर्मा की **शहर**, श्रीराम वर्मा की **दिल और जूता**, केदारनाथ सिंह की **महानगर में कवि** और **ईश्वर को एक भारतीय नागरिक के कुछ सुझाव**, आदि अनेक कविताओं को याद किया जा सकता है। शमशेर की 1958–59 में इलाहाबाद से प्रकाशित त्रैमासिक पत्रिका 'सृजन' में छपी कविता—**हरा चेक्** को भी इस सन्दर्भ में देखा जा सकता है :

उसने मुझे एक चेक् दिया, इस, तरह कि मैं
भुना न सकूँ, बस,
ताकि मैं बार-बार उसकी पूँजी की पीली
बेजान हड्डियों को खड़खड़ा कर पूछूँ :
क्या आप बदल न सकेंगे?
(हड्डियों को नहीं, ओफ—इस हरे चेक् को!)
हाँ, अच्छा!
मगर फलां दिन आना।'
क्योंकि फलां दिन के ताक पर ही तो उसकी
इंसानियत की खाल रखी थी,

खामोश, बेहद उदास, एक जिन्दा ताबूत जैसी,
जैसी काली होती हुई शाम की गठरी।
—सुबह की हरियाली वहाँ कहाँ चहकती हुई?
और रस भरे इंसानों के बोल।
उसने मुझे चौंका कर याद दिलाया—
'फलां दिन। समझे? जाओ! जाओ!'
और वह ताबूत उस अँधेरे में डूब गया।

(जनसत्ता, अशोक वाजपेयी के कॉलम 'कभी-कभार' में उद्धृत)

भारतीय समाज में पचास और साठ के दशक की अर्थव्यवस्था और बैंकिंग की तस्वीर को अगर हम 90 के बाद के प्लास्टिक मनी के दौर के साथ मिलाकर देखें तो एक साथ शहर, बैंकिंग और मध्यवर्ग की शक्ल में आए परिवर्तनों के कई पहलू सामने आ जाते हैं। यहाँ पूँजी की बेजान पीली हड्डियाँ एक स्मार्ट कार्ड में बदल चुकी हैं। एक चेक् अब इन्टरनेट बैंकिंग और एटीएम जैसी व्यवस्था में रूपान्तरित हो चुका है। 21वीं सदी की बैंकिंग शमशेर की समस्या से एकदम भिन्न है। (हालाँकि शमशेर की कविता का इशारा अलग है। उसमें चेक देने वाले की प्रवृत्ति पर व्यंग्य किया गया है) मैं यहाँ सिर्फ़ पूँजी की बदलती तस्वीर को देखने की

कोशिश करना चाहता हूँ। मंगलेश डबराल की कविता 'नया बैंक' नई अर्थव्यवस्था और नए बैंक की एक अलग तस्वीर प्रस्तुत करती है। यह **नया बैंक पुराने बैंक की तरह नहीं है/उसमें पुराने बैंक की कोई छाया नहीं है।** यह नया बैंक पुराने बैंक से कोई भाईचारा महसूस नहीं करता, वह तो उसे दूर ढकेल देना चाहता है। इस कविता के अन्तिम अंश में कल्याणकारी राष्ट्र राज्य और इस नए भूमंडलीकरण के राष्ट्र राज्य की प्रवृत्तियों में आ रहे परिवर्तन को लक्ष्य किया जा सकता है :

नया बैंक सिर्फ़ दिये जाने वाले क़र्ज़
और लिये जानेवाले ब्याज का हिसाब रखता है
प्रोसेसिंग शुल्क मासिक क़िस्त चक्रवृद्धि ब्याज
लेट पेमेंट चार्जेस और पैनल्टी वसूलता है
और एक जासूस की तरह देखता रहता है कि कौन अमीर हो रहा है
और किसका खाता बन्द करने का समय आ गया है।

(नया बैंक : नए युग में शत्रु : कविता संग्रह : मंगलेश डबराल, पृ. 22, 23)

पाँच

अन्याय के शिकार के लिए मन में समाज के जगह नहीं होगी तो
एक धनी नफ़रत और साधारण लोगों से बदले की भावना
इन तमाम बूचे उटंगे मकानों को बनाती चली जाती है
यह संस्कृति इसी तरह के शहर गढ़ेगी।

(लोग भूल गए हैं : रघुवीर सहाय रचनावली : खंड-1, पृ. 226)

रघुवीर सहाय नई कविता आन्दोलन के उत्तरार्ध में आए कवि हैं। उनकी कविता में नगरों की मिथकीय या इतिहास की स्मृतियाँ नहीं हैं। उनकी कविता वर्तमान की छवियों की कविता है। वह अनेक छवियों के साथ ही भारत के आधुनिक नगर के वास्तुशिल्प पर भी टिप्पणी करती है। नई कॉलोनियों में बन रहे मकानों के वास्तुशिल्प पर भी। यहाँ नई दिल्ली और पुरानी दिल्ली के फर्क को लेकर जवाहर लाल नेहरू की टिप्पणियों को भी याद किया जा सकता है। नेहरू ने नई दिल्ली के औपनिवेशिक आधुनिकता के विराट लेकिन निर्जीव प्रदर्शन के प्रति अपनी अरुचि ज़ाहिर की थी। उन्होंने लिखा कि **'दिल्ली की सभी इमारतें देखने में कोई खास सुन्दर नहीं हैं। हालाँकि उनमें से कुछ प्रभावित करने के मकसद से बनाई गई हैं।'** (शहर और सपना : भारतनामा : सुनील खिलनानी : अनुवाद अभय कुमार दुबे, पृ. 142) वह भारत के अतीत को अमान्य नहीं करते। इसलिए वह नई दिल्ली के बनिस्बत पुरानी दिल्ली के प्रति भावुक भी हैं और सौन्दर्यशास्त्रीय दृष्टि से आकर्षित भी, उन्होंने लिखा **एक प्राचीन शहर के पास एक तरह का मिज़ाज और खास बात होती है। वहाँ हर पत्थर**

एक कहानी कहता हुआ लगता है और गन्दी गलियों में भी इतिहास धड़कता रहता है...उसके सुनिश्चित और सकारात्मक माहौल को आप अपने अन्दर महसूस कर सकते हैं।' (वही, 142)

रघुवीर सहाय ने **दिल्ली मेरा परदेस** नाम से एक किताब लिखी थी। उनके लिए नगर की छवियों में वहाँ के नागरिकों के व्यवहार में आ रहे बदलाव भी एक मुद्दा रहे हैं। इसमें दोनों ही वर्गों पर उनकी कविता टिप्पणी करती है :

मैंने इस वर्ष देखे एक खास किस्म के नौजवान रँगे चुंगे चुस्त
उठाकर अँगूठा रोकते हुए मोटर
सवारी का हक़ भाईचाराना माँगते
इस बार कारें भी बढ़ीं नौजवान भी
इस वर्ष मैंने देखा बल्कि एक दिन देखा

एक दिन अस्पताल एक दिन स्कूल के सामने
खड़ा हुआ एक लँगड़ा बूढ़ा एक दिन नन्हा लड़का पार
जाने को एक एक घंटे इन्तज़ार में
कि कोई कारवाला गाड़ी धीमी करे
इस वर्ष मैंने और भी देखा
कुत्ते जगह जगह कुचले
वे ठिठक गए थे जहाँ थे बीच रास्ते पर
उनके न ताकत थी उनके न इच्छा थी कि दौड़कर बच जाएँ
यह रपट यहीं खत्म होती है चाहे एक मामूली बात और जोड़ लें
कि इस वर्ष मैंने और अधिक मोटर मालिक देखे
नियम तोड़कर
बाएँ हाथ से अगली गाड़ी से अगिया जाते हुए।

(सड़क पर रपट : र.स. रचनावली : खंड-1, पृ. 171)

यह दृश्य 80 के दशक और उसके बाद नगरों और नागरिकों में तेजी से हो रहे परिवर्तनों का दृश्य है। जैसा कि रघुवीर सहाय अपनी कविता में ही कह चुके हैं कि **प्रिय पाठक/ये मेरे बच्चे हैं/कोई प्रतीक नहीं/और इस कविता में/मैं हूँ मैं/कोई रूपक नहीं।** (वही, पृ. 136) रघुवीर सहाय अपनी कविता में उन व्यक्तियों के व्यवहार पर भी टिप्पणी करते हैं जो अपना गाँव छोड़ कर महानगर में आ गए हैं :

उसने कहा : मैं कहीं जा रहा हूँ
क्या दफ़्तर?
—नहीं, घर और दफ़्तर के बीच बहुत सी जगहें हैं

हा हा हा
मैंने हँसकर कहा कि मैं जानता हूँ
गाँव से आए बुद्धिजीवी को
शहर का वैभव और अश्लीलता आकर्षित करती है।

(वही, पृ. 352)

वही दिल्ली जिसके बारे में ग़ालिब में अनेक शेर और उसके उजड़ने पर मीर का शह्र आशोब मिलता है, वही दिल्ली जिसके बारे में ज़ौक का शेर मशहूर है कि :

इन दिनों गर्चे दक़न में है बड़ी क़द्रे सुख़न।
कौन जाए ज़ौक पर दिल्ली की गलियाँ छोड़ कर॥

लेकिन उर्दू की वो तमाम कविताएँ उसी पुरानी दिल्ली को लेकर हैं जिसका हर पत्थर नेहरू को कहानी कहता हुआ लगता था और गन्दी बस्तियों में भी इतिहास की धड़कन सुनाई देती थी। नई दिल्ली इससे अलग है और हिन्दी की समकालीन कविता में दुर्भाग्य से नई दिल्ली ही ज्यादा दर्ज हुई है। रघुवीर सहाय कहते हैं कि **दिल्ली मेरा देस नहीं है और दिल्ली किसी का देस नहीं हो सकती। उसकी अपनी संस्कृति नहीं है। यहाँ के निवासियों के सामाजिक आचरण को कभी इतना स्थिर होने का अवसर मिल भी नहीं सकता कि वह एक संस्कृति का रूप ग्रहण करे। अधिक से अधिक वह सभ्यता का, बल्कि उसके अनुकरणों का एक केन्द्र हो सकती है। सो वह है। और अपनी तमाम स्मृतियों के साथ है।** (दिल्ली मेरा परदेस : रघुवीर सहाय रचनावली : खंड-5, पृ. 140)। संयुक्त राष्ट्र की रिपोर्ट के अनुसार दिल्ली विश्व का दूसरा सबसे घनी आबादी वाला शहर बन चुका है। इसी दिल्ली के बारे में सर्वेश्वरदयाल सक्सेना की कविता है :

दिल्ली :
कच्चे रंगों में नफ़ीस
चित्रकारी की हुई, काग़ज़ की एक डिबिया
जिसमें नकली हीरे की अँगूठी
असली दामों के कैशमेमो में लिपटी हुई रखी है।

(पाँच नगर-प्रतीक : सर्वेश्वरदयाल सक्सेना ग्रन्थावली : खंड-एक, पृ. 293)

इसी दिल्ली के बारे में केदारनाथ सिंह की एक कविता **ईश्वर को एक भारतीय नागरिक के सुझाव** का एक अंश है :

बनारस को रहने देना
वरूणा और गंगा के बीच के

दियारे में

पर दिल्ली को—
यहाँ बहुत धुन्ध है—
यहाँ से उठाकर

यमुना और कुतुब-समेत रख देना कहीं और
ताकि केन्द्र को मिलती रहे
हाशिए की रोशनी

(सृष्टि पर पहरा : कविता संग्रह : केदारनाथ सिंह, पृ. 47)

साठ के दशक के कवि विष्णु खरे की कविता **दिल्ली में अपना फ़्लैट बनवा लेने के बाद एक आदमी सोचता है** या **जो टेम्पो में घर बदलते हैं** और **लड़कियों के बाप** जैसी अत्यन्त महत्त्वपूर्ण कविताओं में वर्तमान दिल्ली की अनेक छवियाँ हैं। कहना न होगा कि विष्णु खरे की कविता में न केवल महीन ब्यौरे हैं बल्कि गहरा राजनीतिक सामाजिक विवेक और एक सजग वर्गीय दृष्टि भी उनकी कविता में नज़र आती है।

नई कविता के उत्तरार्ध में आए कवियों में श्रीकान्त वर्मा सम्भवत: सबसे बेचैन नागर कवि हैं। उन्होंने अनेक प्राचीन नगरों को उनके मिथकीय सन्दर्भ के साथ एकदम आज की राजनीतिक वास्तविकताओं के बीच ला दिया है। उनकी कविता 'विजेता' की पंक्ति है कि **अगर बसा सको तो बसाओ कोई नगर जिसे काल या/ अकाल ने/अभयदान दिया हो।** शहर की सामूहिक चेतना में जो विडम्बना छिपी है, जिसकी तरफ इशारा करते हुए रेमंड विलियम्स ने लिखा था कि यह अजीब विरोधाभास है कि शहर में—जहाँ सामूहिक चेतना थी वहाँ एक दूसरे के प्रति भावना का सबसे अधिक अभाव था। आत्मकेन्द्रितता का आधिपत्य था। इस विडम्बना को श्रीकान्त वर्मा एक दूसरी तरह से देखते हैं। कहते हैं—**मगर दूसरे के दुख को/ अपना मानने की बहुत/कोशिश की : नहीं हुआ!** श्रीकान्त वर्मा का गहरा क्षोभ उन्हें अक्सर एक गहरी उदासी और पूर्ण निषेध की स्थितियों तक ले जाता है। नागर चरित्र पर एक दिलचस्प कविता है 'जीवन बीमा'। इसका एक अंश :

मैं कोई कानून नहीं तोड़ता! हमेशा
सड़क के बाईं ओर
पटरी पर
चलता हूँ।
मैं घर का किराया
बिजली का बिल

बीमें की किश्तें
चुकाने के बाद
प्रेम करता हूँ
देश से।

(श्रीकान्त वर्मा रचनावली : खंड-1, पृ. 45-47)

श्रीकान्त वर्मा की कविता में शहर के प्रति एक अजीब सा गुस्सा भी है, खीज भी लेकिन गाँव के बरक्स शहर को नकारने जैसा कोई भाव वहाँ नहीं है। उनकी कविता नए और प्राचीन नगरों की अनेक मिथकीय स्मृतियों और नई सच्चाइयों से बनी कविता है। 'मायादर्पण' कविता की पंक्ति शहर के विरोधाभासी चरित्र पर टिप्पणी करती है :

ग़रीबों के मुहल्ले से निकलकर
मैं
एक बन्द नगर के दरवाज़े पर
खड़ा हूँ।

(श्रीकान्त वर्मा रचनावली : खंड-1, पृ. 36-37)

कुँवरनारायण ने अनेक भारतीय नगरों पर कविताएँ लिखी हैं। नगरों पर लिखी उनकी कविताओं में नगरों के बारे में मिथकीय आख्यानों और मुख्य रूप से इतिहास की स्मृतियाँ हमेशा मौजूद रही हैं। उनकी कविता **क़ुतुब का परिसर** में नगर कैसा हो सकता है, क्या क्या हो सकता है, यह कविता बताती है। स्नेहमयी चौधरी की कविता **शहर के बीचों-बीच बेतुके पेड़,** या हरिनारायण व्यास की **शहरवालों से,** अजित कुमार की **विशाल काया में,** कैलाश वाजपेयी की **दिल्ली पास से,** हरि ठाकुर की **एक लापता शहर के लिए,** अरुण द्विवेदी की **पहचान** आदि कविताओं को इस सन्दर्भ में देखा जा सकता है।

90 के बाद आए युवा कवि पंकज राग की एक लम्बी कविता है **दिल्ली : शहर दर शहर,** इसमें भी इतिहास की अनेक स्मृतियाँ और अनुगूँजें हैं लेकिन साथ ही यह बोध भी काम करता रहता है कि—

दिल्ली को खोजना है तो ऐसी जगहों पर भी जाना होगा
शहर सिर्फ़ महामहिम नहीं, बहुत से मामूली लोग भी बसाते हैं
दिल्ली, शहर दर शहर, सिर्फ़ निगहबानों की नहीं
इंसानों की भी कहानी है।

(दिल्ली : शहर दर शहर : यह भूमंडल की रात है : कविता संग्रह : पंकज राग, पृ. 16)

कविता पर बहस शुरू करो और शहर को अपनी ओर झुका लो

साठ का दशक राष्ट्रीय और अन्तर्राष्ट्रीय स्तर पर अनेक राजनीतिक सांस्कृतिक हलचलों से भरा दशक रहा है। हिन्दी कविता में भी तीन परस्पर विरोधी स्वर इस दशक में दिखाई पड़ते हैं। अकविता, युवा कविता और नक्सलबाड़ी आन्दोलन से जुड़ी कविता के रेखांकित किए जा सकने वाले आन्दोलन तो थे ही साथ ही छोटे-छोटे कई आन्दोलन इस दौर में अलग-अलग नामों से प्रकट हुए। एक लेख ही लिखा गया **किसिम किसिम की कविता**। अकविता के साथ ही बीटनिक कविता, भूखी पीढ़ी, श्मशानी पीढ़ी आदि के नामों से छोटे-छोटे कई समूह इस दौर में दिखते हैं और अपनी अस्मिता के लिए वे एक दूसरे से अपने अन्तर को भी रेखांकित करते हैं। हालाँकि इन आन्दोलनों में कोई खास फ़र्क नज़र नहीं आता। इसी दौर में गिन्सबर्ग और फ़र्लिंगगेटी जैसे चर्चित कवियों का भी भारत आगमन हुआ और उनके प्रभाव कम-से-कम अकविता, बीटनिक कविता या भूखी पीढ़ी की कविता पर लक्ष्य किए जा सकते हैं। इसी दौर के कवि-आलोचक अशोक वाजपेयी ने अकविता पर अपने लेख **अकविता : एक नई रूमानियत** में लिखा कि **हिन्दी का सृजनात्मक मुहावरा इधर अधिक व्यापक और शहराती हुआ है।** (फिलहाल : अशोक वाजपेयी, पृ. 59) क़स्बाई संवेदना के बरक्स महानगर की संवेदना के सन्दर्भ में उनका मत है कि कस्बाई संवेदना का **आमना-सामना महानगर की ज़िन्दगी से, याने एक ऐसी ज़िन्दगी से, होता है जो क्रूर और निर्वैयक्तिक है, जिसमें निजीपन और आत्मीयता नहीं, और जहाँ मानव-सम्बन्धों और उनकी करुणा की जैसे किसी को कोई परवाह नहीं रहती।** (वही, पृ. 59) इस स्थिति से क़स्बाई संवेदना की दो तरह की गतियों की बात अशोक वाजपेयी करते हैं **भीड़, निर्वैयक्तिकता और उपेक्षा से आतंकित होकर क़स्बाई संवेदना अपनी मानवीय जड़ों से कट सकती है, वयस्क होने के बजाय अपने किशोर**

रूमान से और जमकर लिपट सकती है, गहरे विचलित होने के बजाय ऊपर-ऊपर की छटपटाहट की मुद्राओं से आत्मतुष्ट हो सकती है, या फिर महानगर की विवश निर्वैयक्तिकता और ट्रैजिक अमानवीयता के मुकाबले क़स्बाई सौहार्द और सहजता को अधिक वांछनीय मानने-बताने के सपाट सरलीकरण की ओर जा सकती है। (वही, पृ. 59) उनका मत है कि क्योंकि अकविता के ज़्यादातर कवि महानगरों में रहते हैं और वहाँ जाने से पहले अक्सर छोटे शहरों में थे। अशोक वाजपेयी का मानना है कि **बावजूद उग्र स्वर और आक्रामक मुद्राओं के, और बावजूद अपने ऐंटी-रोमेंटिक होने की उन घोषणाओं के जो उनमें से कुछ पिछले दिनों अपने वक्तव्यों में करते रहे हैं, उनकी संवेदनाएँ रूमानी हैं और उनकी मूल क़स्बाई भावुकता उनके तथाकथित महानगर-बोध के सामने संयमित या तनावपूर्ण न होकर दरअसल और अधिक सतही और लिजलिजी हो गई है।** (वही, पृ. 60) उनका मत है कि **अकवियों की बड़बोली और आक्रामक कविताएँ दरअसल तनावहीन रचनाएँ हैं। इस तनावहीनता का कारण यह है कि इन कवियों का संसार, आधुनिक और शहरी दीखने के बावजूद, छोटा, सँकरा, सपाट और सरलीकृत है।** (वही, पृ. 61) इसी लेख में आगे उन्होंने कहा कि **हमारा संसार तेज़ी से अमानवीय बनता जाता संसार है, ख़ासकर महानगरों वाला। लेकिन इसलिए उसे सम्बन्धहीन या उनकी सम्भावनाओं से शून्य संसार मान लेना एक बेहद आसान भोलापन है : यह संसार के अमानवीयकरण के विरुद्ध मानवीय को प्रतिष्ठित करने का जोख़म लेना नहीं, बल्कि उसका शिकार हो जाना है। ...ये कविताएँ अमानवीयकरण के विरुद्ध चीख़ नहीं, उसका उत्सव मनाती किशोर उत्साह की गीतकल्पी रचनाएँ हैं।** इस लेख में आगे उन्होंने लिखा है कि **अकवि साक्षात्कार के कवि नहीं हैं। उनकी बुनियादी मुद्रा केन्द्रहीन है, क्योंकि वह किसी स्पष्ट मानव-सम्बन्ध या सामाजिक सचाई को सम्बोधित न होकर सभ्यता, संस्कृति, शहर, जैसे सामान्यीकरणों की ओर जाती है।** (फिलहाल : अशोक वाजपेयी, पृ. 62-63) अकविता में शहर बार-बार आता है। लेकिन वह कोई खास नगर अक्सर नहीं होता। मुझे लगता है कि वह शहर का या महानगर का एक मनोगत रूपक अधिक है। लेकिन अकविता का नगर कई तरह से व्यक्त होता है। आक्रामक यौन बिम्ब, स्त्री के प्रति एक खास दृष्टि जो वस्तुतः स्त्री को एक चीज़ में अवमूल्यित कर देती है। माना जाता है कि अकविता वस्तुतः नेहरू युग से मोहभंग की कविता है, लेकिन यह मोहभंग किसी वैकल्पिक राजनीति को प्रस्तावित नहीं करता। वह निषेध का निषेध नहीं करता, वह तो राजनीतिक रूप से पूर्ण निषेध की ओर जाता है। यह मात्र संयोग नहीं है कि अकविता के एक प्रमुख कवि जगदीश चतुर्वेदी के सम्पादन में निकले अकविता के एक संग्रह का नाम ही है—**निषेध।**

अकविता के एक प्रमुख कवि और आलोचक डॉ. श्याम परमार ने लिखा है कि **निर्वैयक्तिकता का यह क्षण ही अकविता की वर्तमान सृजन प्रक्रिया का प्रमुख क्षेत्र है।** और उसके आक्रामक तेवर और सेक्स बिम्बों के बारे में उनका मत है कि **उसकी सेक्स अनुभूति झिझक और झेंप से अलग हो गई, बल्कि वह इतनी उघड़ गई, स्वीकृत मान्यताओं के नाते इतनी अपराधी हो गई कि उसमें उसका स्निग्ध पक्ष सदा के लिए समाप्त हो गया। कामुक विह्वलता तीखे व्यंग्य और अतर्क विडम्बनाओं में बदल गई।** (अकविता और कला सन्दर्भ . डॉ. श्याम परमार, पृ. 15) जिसे श्याम परमार कामुक विह्वलता कहते हैं और मानते हैं कि वह व्यंग्य और अतर्क विडम्बनाओं में बदल गई उसके बारे में अशोक वाजपेयी का मत है कि **स्त्री को मानव प्राणी न मानकर चीज़ समझना, जिसके साथ कुछ भी खिलवाड़ करना, विधि-सम्मत हो, दक़ियानूसी भारतीय रुख़ है। विद्रोह-मुद्राओं की अन्तर्राष्ट्रीय परिक्रमा करने के बाद फिर भारतीय दक़ियानूसी और मध्यकालीनता में लौटना कवि की तथाकथित आधुनिकता के कुछ बुनियादी गोलमाल को स्पष्ट रेखांकित करता है।** (फिलहाल : अशोक वाजपेयी, पृ. 64) अशोक वाजपेयी अकविता को एक नई रूमानियत मानते हैं जबकि उसका डिफेन्स करते हुए डॉ. श्याम परमार मानते हैं कि **वर्तमान स्थितियों ने कविता को रोमान से बाहर खींच लिया है।** (अकविता और कला सन्दर्भ : श्याम परमार, पृ. 27) अशोक वाजपेयी की आलोचना से सहमत होते हुए भी, अकविता के बारे में कोई मूल्य-निर्णय देना मेरा अभिप्राय नहीं है। मेरा अभिप्राय यहाँ उसके नगर बोध पर अपने को केन्द्रित करना है। कहना न होगा कि अकविता के दौर में महानगर बोध को लेकर कई बहसें हुई हैं। डॉ. श्याम परमार ने लिखा है कि **सोचने का एक स्तर ऐसा भी बन गया है कि तमाम आवाज़ें औ चेहरे अपरिचित शत्रु हैं। प्रतिशोध अपनी सतह से और अधिक ऊपर उठकर देह के गरिष्ठ बन्धनों में आग लगाने और नगरों और महिलाओं को गरिमा का इतिहासान्त करने की बलवती इच्छा'** (जगदीश चतुर्वेदी) **को भड़काता है।** (वही, पृ. 27) अकविता के नगर-बोध के सन्दर्भ में आलोचक इन्द्रनाथ मदान ने एक मिथक कथा का उल्लेख किया है : उन्होंने इसे पाश्चात्य आलोचक मीनरो के. स्पीयरस की पुस्तक **डायनोसिस एंड दॅ सिटी** के आधार पर आधुनिकता और नगर-बोध से जोड़ा है। **स्पीयरस के अनुसार आधुनिकता की शुरुआत डायनोसिस के नगर में पदार्पण के साथ हुई है। ग्रीक मिथक के अनुसार डायनोसिस मदिरा और मदिर-कामिनियों का देवता है, चंचल कंदर्प का लम्पट यार और डरावने निरोधों से मुक्ति दिलाने वाला साइकियाट्रिस्ट। वह अपोलो नामक देव के ज्ञान आलोक के बजाय उन्माद की लपट का आर्केटाइप है। अपोलो में क्लासिकल विवेक विधान और संयम है पर डायनोसिस का काम**

अपोलो की इस आलोक-दृष्टि को तोड़ता है। आधुनिकतावाद अपोलो और डायनोसिस के पारस्परिक तनाव से पैदा होता है और त्रासदी भी इसी से जन्म लेती है। आधुनिक और आधुनिकाएँ आज के नगर-परिवेश की जीवित इकाइयाँ हैं। इसी लेख में उनका मानना है कि **धार्मिक वर्जनाएँ धराशायी हो गई हैं तथा सेक्स के प्रति शुचितावादी निष्ठा भंग हो गई है।** (समकालीन कविता पर एक बहस : जगदीश नारायण श्रीवास्तव, पृ. 79)

अकविता के कुछ उद्धरण :

गंगाप्रसाद विमल की कविता **लोग घूम रहे हैं** का एक अंश :

विराट नगरों : विराट निर्माणों : बड़े अस्पतालों में
नर्सों का आखिरी जीवन : आखिरी चीख-पुकार-
जेबों में हाथ, उलझी फिसलनों में तबाह होते हैं चेहरे
तबाह होते हैं ख़याल
अँधेरी सड़कों के कोनों पर लिपटे हुए : गृहविहीन पनपते प्यार
छोटी लेनों के वृक्ष-तनों से सटे पूरे शरीर
गर्म-गर्म दीवारों पर आलिंगित कोमलांग :
पूरी शताब्दी को गाली उच्चारते : छोटे-छोटे हाथ
अपनी अक्रियाओं में रत
तमाम दुपहरियों से परास्त : ठंडे शरीर
तमाम शामों से आक्रांत, थके, ढीले-अनमने आकार
जीवन के एक दंश के लिए
घूम रहे हैं चक्षु-मैथुन-रत अतृप्त

(विजप : गंगाप्रसाद विमल, जगदीश चतुर्वेदी : श्याम परमार की कविताओं का संकलन : कविता संग्रह : पृ. 20)

या **अर्थ** कविता का एक अंश :

इन उदास नगरों में एक चमत्कार की प्रतीक्षा है : जादू
या वह कोई दुर्घटना हो सच्ची : या फरार लड़कियों के बयान
या गर्भवती कुमारियों का घरों में बन्द रहना
और या मकानों में इतिहासों का निकलना...

(वही, पृ. 23)

या **विचित्र** कविता का अंश :

अन्धकार स्वयं लेता है आकार

भय के सन्दर्भों में ज्योतित होने को
इन बड़े नगरों में, यह सब। बस इतना ही।

(वही, पृ. 25)

जगदीश चतुर्वेदी की कुछ कविताओं के अंश :

एक नगर मरता है
और तमाम गलियों में फैलता है मृत्यु विष,
भर गया है
ज्वालामुखी के मुखों का विषैला धुँआ
इस महानगर की निरापद शान्ति में!

(वही, पृ. 45)

मृत्यु भोग कविता का एक अंश है :

गूँजता है
हाँफती हुई गलियों में एक स्वर
थके हुए श्वान लपलपाते हैं जीभ और उगल देते हैं
एक मरा हुआ नगर
अपनी लार में!
तमाम मरे नगर में भरी हुई है सुगन्ध
पके हुए गोश्त की, रानों की, बालों की
पॉमेड में पुती हुई सुर्खरू कविताओं सी
लड़कियों की!

(वही, पृ. 46)

इसी कविता में एक पंक्ति आती है :

मैंने कत्ल कर दिया था एक नगर को।

(वही, पृ. 47)

जगदीश चतुर्वेदी की कविता में नगर का बिम्ब अक्सर ही नकारात्मक ढंग से आता है। **अकाल मृत्यु** कविता में कहते हैं : **नगर मरते हैं और संस्कृतियाँ दफन होती हैं।** या **सारा का सारा जीवित नगर बदल जाता है/शव गृहों में!** (वही, पृ. 50) इसी तरह **निरापद** कविता की पंक्ति है **एक विशाल सर्प की गिरफ्त में कैद है सारा शहर।** (वही, पृ. 65) साठ के दशक के अनेक महत्त्वपूर्ण कवियों जैसे चन्द्रकान्त देवताले, श्याम परमार, मुद्राराक्षस, कुमार विकल, इब्बार रब्बी, रमेश

गौड़, सकलदीप सिंह आदि की कविताओं में भी शहर की अनेक छवियाँ हैं। बल्कि कहना चाहिए कि उस दौर की सारी कविताओं का केन्द्र नगर ही है। लेकिन यह महानगर बोध नगर के प्रति नकारात्मक ही अधिक है। इस नगर बोध में लेकिन गाँव के प्रति कोई आकर्षण नहीं है। यह वस्तुतः नेहरू युग से मोहभंग की कविता है। इस मोहभंग का केन्द्र लेकिन नगर बल्कि महानगर है। यह निरा संयोग नहीं कि अशोक वाजपेयी के संग्रह का नाम ही **शहर अब भी सम्भावना है,** था। लेकिन साठ के दशक के सबसे वयस्क नगर-बोध के कवियों का नाम लेना हो तो कहा जा सकता है कि अकविता में राजकमल चौधरी, सौमित्र मोहन, चन्द्रकान्त देवताले और युवा कविता के साथ आए कवि विष्णु खरे का नाम लिया जा सकता है। हालाँकि नगर को देखने की इन कवियों की दृष्टि काफी अलग-अलग है और सत्तर के बाद के संग्रहों में देवताले और 1990 के बाद आए विष्णु खरे के संग्रह **सब की आवाज़ के पर्दे में** की अनेक महत्त्वपूर्ण कविताओं में शहर की अनेक छवियाँ हैं, जिनमें नगर को लेकर उनकी पूर्व धारणाएँ टूटी भी हैं और बदली भी हैं। जिन पर आगे चर्चा की जाएगी।

यह कुछ अजीब लग सकता है लेकिन जगदीश चतुर्वेदी द्वारा सम्पादित अकविता के संग्रह **निषेध** में राजकमल चौधरी को शामिल नहीं किया गया था। सम्भव है कि उन्हें बीटनिक कवि माना गया हो। गिन्सबर्ग का उल्लेख उनकी कविता में आता भी है। श्याम परमार ने अकविता और कला सन्दर्भ में **बीट, बीटल, नाराज़ और भूखे प्यासे**...अध्याय में लिखा था कि...**सामाजिक आवर्तनों ने जिस सभ्यता को महानगर के चौराहे पर लाकर खड़ा किया है उसकी हड्डियों पर चिपके मांस को नोंच कर क्लांत, थके हारे 'बीटन डाउन'—बीटनिकों ने उसे भूखे प्यासों की ओर ढेल दिया। कलकत्ते में आकर सभ्यता के उसी कंकाल की रानों के बीच चिपके ल्यूकोप्लास्ट को मलयराय चौधरी की टोली ने, एलेन गिन्सबर्ग की प्रेरणा से, उधेड़ना शुरू किया। नाभि के नीचे, नारी के फूलबगान की तीव्र ललक (हनी का जन्म दिवस : समीर राय चौधरी) और कौलेप्सिबल जाँघों पर पड़े हुए गुलाब में (कन्वेक्स गुलाब : मलयराय चौधरी) 'हंग्रीयलिज़्म' का अवसान हो गया। प्रेमिका के ब्लाउज़ से अपनी कविता की कापी की जिल्द बाँधकर 'जीवित रहने का कोई अर्थ नहीं है' : (सन्दीपन चट्टोपाध्याय)**। इसी लेख में आगे उन्होंने लिखा कि **बीट चाहे ठंडा हो या गरम 'किक' चाहता है। उसकी नकारात्मक दृष्टि अवज्ञा और कबड़ियापन—डाउन विथ एब्रिथिंग—उसे अकेला बनाते हैं**। आगे उन्होंने लिखा कि **हिन्दी में अकविता को अक्सर इन सबके साथ जोड़ने की एक भोंडी कोशिश प्रायः की जाती है। मगर अकविता जैसी कोई स्वतंत्र चीज़ पश्चिम में नहीं हुई**। उनका मानना है कि **अकविता सन्तुलित मनःस्थिति का विक्षोभ है**। (अकविता

और कला सन्दर्भ : श्याम परमार, पृ. 33) इन सारे तर्कों के बावजूद राजकमल चौधरी की कविता की अधिकांश प्रवृत्तियाँ उन्हें अकविता का ही शीर्ष कवि साबित करती हैं। उनकी अन्तिम और सर्वाधिक महत्त्वपूर्ण कविता **मुक्तिप्रसंग** के लगभग आखिरी हिस्से की तीन-चार पंक्तियाँ उनके नगर-बोध को समझने के लिए काफी हैं :

> **आदमी को तोड़ती नहीं हैं लोकतांत्रिक पद्धतियाँ केवल पेट के बल**
> **उसे झुका देती हैं धीरे-धीरे अपाहिज**
> **धीरे-धीरे नपुंसक बना लेने के लिए उसे शिष्ट राजभक्त देशप्रेमी नागरिक बना लेती हैं।**

(इस अकाल वेला में : राजकमल चौधरी की कविताएँ, पृ. 194)

इसी कविता में वह पंक्ति भी आती है कि **जटिल हुए किन्तु कोई भी प्रतिमा बनाने के योग्य नहीं हुए उसके अनुभव** (वही, पृ. 177) इससे ज्यादा सन्तुलित विक्षोभ का प्रमाण क्या हो सकता है।

सौमित्र मोहन की कविता **राष्ट्रीयकरण** का एक अंश है :

> **मेरे पास आने के तीन ही रास्ते हैं—या तो यास्मीन दाजी**
> **को भेंट किया जाने वाला फूलों का गुच्छा मुझे**
> **दे दिया जाए या अकविता की चर्चा करते करते चींटियाँ**
> **इकट्ठी की जाएँ या दिल्ली के एक गन्दे ढाबे में बैठ कर**
> **साथ-साथ चाय पी जाए। कितनी अजीब बात है कि हम**
> **शहर या देश या प्रेम की चर्चा नहीं करते बल्कि**
> **औरतों के बदलने का इन्तज़ार करते रहते हैं।**

(लुकमान अली तथा अन्य कविताएँ : सौमित्र मोहन, पृ. 41)

सौमित्र की कविता उस पूरे दौर को समझने के लिये शायद सबसे महत्त्वपूर्ण साक्ष्य प्रस्तुत करती है। एक कविता में वह कहता है कि **आप अच्छी तरह जानते हैं कि हमारी नियति उन लोगों के हाथ में/है जिन्हें हम जानते नहीं हैं और जो हमारे प्रतिनिधि हैं। / उसने कहा : हम संक्रान्ति-काल में नहीं एक अँधेरी खोह/में रह रहे हैं जिसका मुहाना नेहरू सिक्के से ढंका हुआ है।** और नेहरू युग से मोहभंग के इस काल के आक्रोश पर इसी कविता में टिप्पणी है कि **यहाँ पेशाब करना मना है पढ़कर भी लोग वहीं पेशाब/क्यों करते हैं? आप इसे असभ्यता कहेंगे पर यह आक्रोश/का कहीं अच्छा तरीका है सिगरेट कुचलने से।** (वही, पृ. 40) सौमित्र मोहन की बहुचर्चित लम्बी कविता 'लुकमान अली' के बारे में कहा जा सकता है कि वह उस दौर की राजनीतिक सामाजिक सांस्कृतिक और कहना चाहिए की

मानसिक उथल-पुथल को समझने का एक बहुत अच्छा साक्ष्य है—अपनी सारी एब्सर्डिटी के बावजूद। इस कविता के कुछ अंश देखे जा सकते हैं :

> **लुकमान अली माचिस जलाकर**
> **दीवार के पार देख रहा है। गाड़ियाँ बिना सिगनल के चल पड़ी हैं और उसके पाजामों के रंग से धीमी-तेज हो रही हैं। सिनेमाघरों में**
> **औरतें जाँघों को दबाए हुए राष्ट्रीय गीत सुन रही हैं**
> **पिताओं की जेबें साइकिलों और बालसफा साबुन की टिक्कियों से फूल रही हैं।**
> **चिट्ठियों के पतों से शहरों के नाम मिट गए हैं और उन्हें पहचानने के लिए छोटी-मोटी लड़ाई मच गई है।**
> **लुकमान अली अपने कान की मैल तीतरों को खिला रहा है।**
> **वह अपने वीर्य में घुलते हुए शहर का नक्शा देख रहा है।**
> **वह अपने पाजामों को एक साथ कसकर बाँध रहा है। वह तीन कदम धरती नाप कर पहचान में न आने वाली चीजों के नाम बता रहा है।**
>
> (वही, पृ. 103-104)

कविता : पश्चात का वक्तव्य : (एक अंश है)

लुकमान अली मेरे लिए मात्र प्रतीक नहीं है—इसकी शारीरिक सत्ता है : फन्तासी की सत्ता है और मैं समझता हूँ कि आज कविता में बुरे दिनों का चित्रण या प्रतिक्रिया या एनकाउंटर इसी फन्तासी से किया जा सकता है। इसी माध्यम से आज के अयथार्थ जैसे लगने वाले परिवेश में अपने जीवित होने को समझा जा कसता है। (वही, पृ. 108) सौमित्र मोहन **लुकमान अली तथा अन्य कविताएँ** की पहली कविता **बयान** में कह चुके हैं कि **चुप रहने के इतने बहाने हैं कि उनसे किसी भी महानगर की शक्ल बनायी जा सकती है।** (वही, पृ. 13) सौमित्र की एबसर्डिटी के कई भाष्य हो सकते हैं। नेहरू युग से मोहभंग के उस दौर की एब्सर्डिटी न केवल सौमित्र में दिखती है बल्कि अकविता के तमाम कवियों में इसे देखा जा सकता है। संक्रमण का काल थोड़ा तो सभी के लिए एब्सर्ड होता ही है। लेकिन निश्चित ही अन्य अकवियों की तुलना में सौमित्र ज़्यादा संयत नज़र आते हैं। उनमें उग्रता और मुखरता कम है और नगर के प्रति उनका रवैया अन्य कवियों की तरह नकारात्मक नहीं है।

दो

धूमिल चाहे अपने वक्तव्य में यह कहते रहे कि उनकी कविता का काम अपनी किसानी को चरितार्थ करने का जोख़िम उठाना है लेकिन उनके पहले संग्रह का नाम था—**संसद से सड़क तक**। यही नहीं उसमें ऐसी अनेक कविताएँ हैं जो शहर को

विषय बनाती हैं। यहाँ तक की **मोचीराम** और **पटकथा** जैसी सर्वाधिक महत्त्वपूर्ण और चर्चित कविताएँ भी अपने स्वभाव में नागर कविता ही कही जाएँगी। उनकी कविता **मुनासिब कार्रवाई** की शुरू की ही पंक्तियाँ हैं :

अकेला कवि कठघरा होता है।
इससे पहले कि वह तुम्हें
सिलसिले से काटकर अलग कर दें
कविता पर
बहस शुरू करो
और शहर को अपनी ओर
झुका लो।

(संसद से सड़क तक : कविता संग्रह : धूमिल, पृ. 82)

धूमिल की कविता का नगर वस्तुतः नगर का एक राजनीतिक पाठ भी है। इसी कविता में आगे की पंक्तियाँ हैं कि **नगरपिता का सिर विरोध में/हिलता था और तुम पाते थे— /कि कविता का अर्थ बदल गया है। मगर अब चीज़ों के गलत होने का/पता चल गया है : /एक रिश्ता गलत समय देने लगा है : /उसकी मरम्मत के लिए/घड़ीसाज़ की दुकान पर जाना सरासर भूल है।** (वही, पृ. 83) धूमिल की कविता का यह चुस्त और धारदार मुहावरा भी एक नागर स्मार्टनेस को ही व्यक्त करता है। इसी कविता में आगे वह कहते हैं—**क्योंकि गलत होने की जड़/न घड़ीसाज की दुकान में है/न बढ़ई के बसूले में है/और न आरी में है/बल्कि इस समझदारी में है/कि वित्तमंत्री की ऐनक का/कौन-सा शीशा कितना मोटा है/ और विपक्ष की बेंच पर बैठे हुए/नेता के भाइयों के नाम/सस्ते गल्ले की कितनी दुकानों का कोटा है।** (वही, पृ. 84) इसी तरह **शहर का व्याकरण** कविता में भी शहर की कई छवियाँ हैं—**वह विदूषक/उस शो-केस के सामने खड़ा है/जिसमें जूते-/पान की गिलौरियों की तरह सजे हैं।** (संसद से सड़क तक : कविता संग्रह : धूमिल, पृ. 56)

धूमिल की कविता में कई ऐसी पंक्तियाँ हैं जिनके कारण उन्हें राजकमल चौधरी की परम्परा में और अकविता के साथ भी जोड़ा जाता रहा है। लेकिन अकविता के विरुद्ध, अकविता से अपनी असहमति जताते हुए उसी कालखंड में कवियों का एक समूह अलग तरह की कविता को सम्भव कर रहा था। इसी को युवा कविता कहा गया। अशोक वाजपेयी ने इसका पक्ष लेते हुए एक लेख भी लिखा और उन कवियों पर अलग से समीक्षात्मक टिप्पणियाँ भी लिखीं जो उनकी पहली आलोचना पुस्तक **फिलहाल** में मौजूद हैं। धूमिल को इसलिए स्पष्ट रूप से अकविता के खाते में नहीं रखा जा सकता।

अशोक वाजपेयी ने युवा कविता की आलोचना में लिखा कि—**मुझे तीव्रता के साथ महसूस होता है कि सन् साठ के बाद ऐसे बहुत से युवा कवि आए हैं जो ऊपर से आक्रामक या उग्र न दीख पड़ें पर जिन्होंने अपेक्षाकृत शान्त ढंग से, बिना हिंसा, उग्रता और निरर्थकता का नगाड़ा बजाए या उत्सव मनाए, समकालीन मनुष्य की निरर्थकता और अकेलेपन की अनुभूतियों को सार्थक और विशिष्ट ढंग से व्यक्त किया है। उन्होंने जान-बूझकर कोई विद्रोह करने की कोशिश नहीं की है, लेकिन अपनी प्रतिभा के स्वाभाविक परिणाम से अपने युवा होने को चरितार्थ किया है।** (युवा कविता की आलोचना : फिलहाल : अशोक वाजपेयी, पृ. 55) इसमें उन्होंने कमलेश, धूमिल, विनोदकुमार शुक्ल, जितेन्द्र कुमार, ऋतुराज आदि का नाम उल्लेख किया है। इनमें विष्णु खरे, सोमदत्त, भगवत रावत, लीलाधर जगूड़ी के नाम भी जोड़े जा सकते हैं। इसी लेख में आगे यह पंक्ति भी है कि **कोरे वादों और वायदों से भ्रष्ट हो चुकी भाषा इन कवियों के हाथों नया संस्कार, नई आग पा रही है।** (वही)

ऋतुराज **पुराने शहर के लोग** कविता में एक बार फिर पुराने शहर और नए शहर की जो बात नेहरू ने दिल्ली के बारे में कही थी उसे अपने ढंग से उठाते हैं। पुराने शहर के प्रति जो लगाव होता है, जो उसमें बने रहने की एक आदत होती है उसको अपनी कविता में उठाते हैं। किस तरह लोगों को नए घरों में जाने की एक हिचक काम करती है इसकी छवियाँ इस कविता में मौजूद हैं :

ये अभी तक नए फ़्लैटों में नहीं गए हैं।
जगह छोड़कर जाने में घर तो होता है
पर जगह नहीं होती
एक बहुमंजिला इमारत की ओट में तख़्तों से बनी झोपड़ी से बाहर निकल कर
वह अपने पोते की उँगली पकड़ कर चल दिया
मोहल्ले-दर-मोहल्ले हैं जहाँ से जगह छोड़कर
नहीं गए हैं पुराने शहर के बाशिन्दे
दूरी का भय है तो कुछ चढ़ने-उतरने से बचना चाहते हैं
कुछ चाहते हैं इसी तरह बड़ी-बड़ी इमारतों की ओट में टिके रहें
सर्द हवाओं से बचे रहें।

(पुराने शहर के लोग, कवि ने कहा : कविता संग्रह : ऋतुराज, पृ. 103)

इसी तरह एक दिन **मुरिया शहर आए** में शहर को उन आदिवासियों की नज़र से देखने की कोशिश है, जो अपने जंगलों से आए हैं। कविता की पंक्तियाँ हैं—**भय और अचरज की काली मिलावट है पुतलियों में/घूमती है पृथ्वी/जंगल**

इतना परिचित लेकिन शहर/जैसे मंगल ग्रह/किससे पूछें कौन-सी बस जाएगी/जहाँ कट रहा है पहाड़/रेल चलेगी पठार पर/जहाँ हमने किया प्यार। (वही, पृ. 61) कहना न होगा कि हिन्दी कविता में शहर को इतने कोणों से देखा गया है कि आश्चर्य होता है कि जो परिचित-सा लगता शहर है वह कितना अनपहचाना भी है।

अशोक वाजपेयी की कविता को इस अर्थ में अलग से रेखांकित किया जा सकता है कि उसका नगर-बोध वस्तुतः मंझोले शहरों या कुछ हद तक कस्बों से पैदा हुआ नगर-बोध है जो फैलते हुए एक महानगर के बोध में रूपान्तरित होता जाता है। अकविता के महानगर-बोध के बरक्स वह इस नगर-बोध को अधिक सकारात्मक पाते हैं। अकविता पर लिखते हुए उन्होंने माना था कि आमतौर पर क़स्बाई संवेदना रूमानप्रिय और आत्मीय क़िस्म की होती है। सहानुभूति, करुणा और मानवीय संवेदना उसका अनिवार्य सन्दर्भ होती है। हालाँकि वह इस क़स्बाई संवेदना की सीमाओं को भी रेखांकित करते हैं। अशोक वाजपेयी में नई कविता के कवियों की तरह नेहरू के प्रति चाहे मोह न रहा हो लेकिन अकवितावादियों की तरह मोहभंग से भी उनकी कविता का रिश्ता नहीं बनता। अशोक वाजपेयी चाहे नई कविता से अपने को जोड़े जाने से गौरवान्वित महसूस करें लेकिन वह नई कविता और साठोत्तरी कविता, दोनों के बीच कहीं सन्धिरेखा पर खड़े कवि हैं। उनके पहले ही संग्रह में एक कविता है—**भिलाई**। भिलाई नेहरू के स्वप्नों के औद्योगिक शहरों में से एक शहर है। **भिलाई** एक प्रेम कविता है। औद्योगिक नगरी की छवियाँ और निजता के सबसे आन्तरिक वृत्त के बीच बना यह रिश्ता नगर को देखने का एक अलग ढंग भी है :

जहाँ लोहे के लम्बे फैले जलते हाथों को
यंत्र एक अमानवीय आवाज़ के साथ काटता है
वहाँ भी मैं गहरी नींद में सो जाऊँगा
और बिना किसी दुःस्वप्न में फँसे
सहज भाव से जाग सकूँगा—
और किसी मुद्रा या मधुवचन से अनाक्रान्त रहकर भी
तुझे याद रक्खूँगा :

इसी कविता का एक और अंश है :

एक मरणान्तक शोर होगा चारों ओर
और मेरा हृदय
गले हुए आलोक—स्फुरित लोहे की तरह
असंख्य मार्गों से तेरी ओर बहता रहेगा

जिसे मनचाहे सुखों में
तू ढलती रह सकेगी—

नए उद्योग में ढलते इस्पात की प्रक्रियाओं और प्रेम के बीच सम्बन्ध के इस बिम्ब में जो उछाह है वह केवल एक कवि का उछाह-भर नहीं है, मुझे लगता है कि यह उल्लास एक नए स्वतंत्र राष्ट्र के स्वप्नों और बनने की प्रक्रियाओं का उल्लास भी है। नेहरू की योजनाओं में दो तरह के नगरों का स्वप्न था। एक तरफ़ वो ऐसे शहर चाहते थे जो अपने अतीत के बोझ से उन्मुक्त हों। स्वतंत्र राष्ट्र का प्रतीक बन सकें। जो नए स्वतंत्र देश के आधुनिकीकरण का उत्प्रेरक तत्त्व हों। और दूसरी तरफ वो औद्योगिक शहरों के पक्ष में थे। पहले स्वप्न के तहत चंडीगढ़ और गांधीनगर बनाया गया। ला कार्बूजिए चंडीगढ़ के रूप में एक ऐसा शहर बनाना चाहता था जो न इंगलिश, न फ्रेंच, न अमेरिकन आर्कीटेक्ट से प्रभावित हो, जो 20वीं सदी के उत्तरार्ध के भारतीय मानस का प्रतिनिधित्व करे। हालाँकि चंडीगढ़ के आकार लेने के बाद ऐसा हो नहीं सका। इस असफलता के बावजूद नेहरू उससे निराश नहीं हुए। उन्होंने एक महत्त्वपूर्ण बात कही—**इसकी चोट आपके दिमाग पर पड़ती है और आप सोचने के लिए मजबूर हो जाते हैं। हो सकता है कि इसके प्रभाव से आप छटपटा उठें लेकिन आपको विचार करने और नए ख़यालों को जज़्ब करने में मदद मिलेगी। आज भारत को अगर किसी चीज़ की ज़रूरत है तो यही कि उसके दिमाग पर कोई दस्तक दे जिससे सोचने की गुंजाइश निकल सके...इसीलिए चंडीगढ़ का महत्त्व बहुत ज़्यादा है।**

इस तरह उत्तर-औपनिवेशिक नगर अपनी सफलता और असफलता दोनों से ही हमें सोचने को बाध्य करता है। साठोत्तरी कविता का शहर भी कहीं न कहीं इसी उधेड़बुन का परिणाम है।

अशोक वाजपेयी की कविता का आगे का अंश है—

फिर एक रात जब
इस्पात की तरह भारी होने लगेगा
तेरा रक्त और तेरा हृदय और तेरा प्यार
तब मैं
लोगों और कोयले को ले जाती रेलगाड़ियों के नीचे से
और सोये हुए नगरों पर पहरा देती बत्तियों के पीछे से
तुझे आवाज़ दूँगा :
काले भारी भय की तरह स्तब्ध होगी पृथ्वी
और मृत्यु की तरह निःस्पंद छाया हुआ होगा
आकाश

मेरे असंख्य अंश तेरी प्रतीक्षा करेंगे
यंत्र द्वारों के पास—

(शहर अब भी सम्भावना है : कविता संग्रह : अशोक वाजपेयी, पृ. 37-38)

अशोक वाजपेयी के 2013 में आए कविता संग्रह **कहीं कोई दरवाज़ा** की कविता **कहाँ से उठाऊँ शब्द,** शहर को एक अलग तरह से देखती है। वहाँ शहर की सुनसान सड़कों पर कर्फ़्यू है, बिला वजह घायल किए गए नागरिकों के लहू-रिसते घाव हैं और साथ ही पुराने शहरों में अभी तक बचे रह गए कुएँ भी। अशोक वाजपेयी की कविता में नगरों की कई छवियाँ तो हैं ही साथ ही बदलते जाते नगरों में नागरिकों के व्यवहार में आ रहे परिवर्तनों को भी पढ़ा जा सकता है। अशोक वाजपेयी के ही समकालीन युवा कविता के कवि जितेन्द्र कुमार के एक कविता संग्रह का नाम ही है—**इस्पात नगरी**। जितेन्द्र कुमार ने इस संग्रह की कविताओं को राउरकेला में अपने एक वर्ष के प्रवास के दौरान लिखा था। यहाँ इस बात का स्मरण कर लेना अनुचित नहीं होगा कि भिलाई, राउरकेला और दुर्गापुर को नेहरू ने आधुनिक भारत के नए तीर्थ की संज्ञा से सम्बोधित किया था। अशोक वाजपेयी भिलाई जैसे औद्यागिक नगर की छवियों और प्रेम के बीच एक रिश्ता कायम करते हैं और जितेन्द्र कुमार एक दूसरे धरातल पर अपना और इस्पात नगरी में ढलते इस्पात से रिश्ता बनाते हैं। ये कविताएँ इन उत्तर-औपनिवेशिक नए औद्योगिक नगरों के साथ कविता का एक नया रिश्ता प्रस्तावित करती हैं। जितेन्द्र कुमार की कविता है :

मैं कुछ रोज़ उस शहर में भी रहा था
और वहाँ से बिना पैरों की छाप छोड़े चला आया
(तब तक इस मुहावरे का जन्म नहीं हुआ था)
उसके बाद आए राजनेता, इंजीनियर, श्रमिक
और अन्य प्रतिभावान
और उनके बँधुआ मजदूर
उन्होंने लोहे को तपाकर बाग को सजाकर
इस शहर को एक नए आकार में गढ़ दिया
जैसे आदमी को
अन्दर और बाहर से अलग-अलग होना चाहिए

मैं भला उसे किस प्रकार कहता
मैं चुप रहा।

(इस्पात नगर-दो, इस्पात नगरी : कविता संग्रह : जितेन्द्र कुमार, पृ. 10)

विष्णु खरे के बारे में बिना हिचक यह कहा जा सकता है कि वह साठोत्तरी कवियों में सम्भवत: सबसे समर्थ नागर कवि हैं। उनकी कविता में नगर की ऐसी अनेक छवियाँ हैं जो अतिपरिचित होते हुए भी अक्सर अलक्षित रह जाती हैं। विष्णु खरे की कविता में आकर ये अतिपरिचित छवियाँ जैसे पुनर्नवा हो जाती हैं। उनकी अनेक कविताओं के अनेक अंश उद्धृत किए जा सकते हैं। लेकिन उनके पहले संग्रह **खुद अपनी आँख से** की कविता **वापस,** फुटपाथ पर दुकान लगाने वाले दुकानदार और म्युनिसिपल कमेटी के उड़नदस्ते का आना, एक ऐसा दृश्य है जो शहरों में दिख जाने वाला एक अतिपरिचित दृश्य है लेकिन इस पर कोई और कविता लिखी गई है, ऐसा मुझे याद नहीं पड़ता। विष्णु खरे की कविता अपने महीन ब्योरों...विवरणों में तो विलक्षण है ही, उनके साथ जुड़ी मानवीय पीड़ाओं को देखने की विष्णु खरे की मानवीय और वर्गीय दृष्टि, हिन्दी की नागर कविता में इन कविताओं को ज़रूरी और महत्त्वपूर्ण बना देती है :

वापस कविता के कुछ अंश देखे जा सकते हैं :

सफेद मूँछें सिर पर उतने ही सफेद छोटे-छोटे बाल
बूढ़े दुबले झुर्रीदार बदन पर मैली धोती और बनियान
चेहरा बिलकुल वैसा जैसा अस्सी प्रतिशत भारतवासियों का
शहर के बीच सिनेमा के पास वह
ज़मीन पर नक्शे, बायोलॉजी, गणित और बारहखड़ी के चार्ट बेच रहा है

इस बूढ़े के साथ एक दस-ग्यारह साल की लड़की भी है जो उसकी नातिन या धेवती है, यह कवि को मालूम नहीं है।

बूढ़ा उसे ग्राहकों की फरमाइश पर
इस नक्शे या उस चार्ट को दिखाने को कहता है
यह नहीं कि नक्शों में लड़की की कोई दिलचस्पी नहीं है
लेकिन आदमी औरतों की मांसपेशियों और शिराओं वाले
बायोलॉजी के चार्टों को दिखाते हुए
वह खुद उन्हें देखने में शामिल हो जाती है
आसपास रूमाल, कमीज, टेरीकॉट, सॉफ्टी
और लॉटरी बेचनेवालों का शोर है
भीड़ उसी तरफ ज़्यादा है लेकिन ऐसे लोग भी हैं
जो बूढ़े के नक्शों और चार्टों में दिलचस्पी रखते हैं
क्या हरयाना का नक्शा रखते हो ?
इंडिया का रेलवे मैप होगा ?
फीमेल एनॉटमी का इन-डैप्थ चार्ट है क्या कालेज के दो लड़के हँस कर पूछते हैं

एक विदेशी लड़की को शहर का नक्शा मिल गया है
वह मुस्कुराकर एक जगह उँगली रखकर मित्र से कहती है
वी आर हियर और कुछ समझकर
छोटी लड़की पंजों के बल खड़ी होकर देखती है कि उसकी दुकान कहाँ है

(खुद अपनी आँख से : कविता संग्रह : विष्णु खरे, पृ. 73–74)

पंजों के बल उचककर नक्शे में, फुटपाथ पर लगी अपनी दुकान की जगह को जानने की उत्सुकता के पीछे छिपी, हमारे नगरों में इन गरीब छोटे दुकानदारों की विडम्बना को भी यह पंक्ति बिना किसी अतिरिक्त बलाघात के उजागर कर देती है। और कुछ ही समय बाद म्युनिसिपल कमेटी का उड़नदस्ता आता है और सारे दुकानदारों के साथ ही यह बूढ़ा भी अपना आधा-अधूरा सामान बटोर कर भागता है। इस दृश्य के साथ एक बार फिर अगर हम नक्शे में अपनी दुकान की जगह को जानने की उस छोटी-सी लड़की की उत्सुकता को जोड़कर देखें तो शहर अबोध उत्सुकता और क्रूरता का एक अजीब सा युग्म नज़र आता है। सिटी एस्केप इन इंडियन इंगलिश **पोएट्री** में के.एम. पांडे ने लिखा है कि शहर इसलिए आकर्षित करता है कि यह एक साथ बेतरतीब भी है और व्यवस्थित भी। यह एक ऐसी जगह है जो हर तरह की अमानवीय गतिविधियों का भी स्रोत है। दृश्य बदलता है। दबिश खत्म होती है और कारिंदे ट्रक में बैठकर लौट जाते हैं। तब बूढ़ा अपनी लड़की के साथ वापस लौटता है :

सरकार कमेटी और दुनिया को गालियाँ बकता हुआ
बूढ़ा चादर लिये लौटता है अपने ठिये पर गाहक फिर आ रहे हैं
कुछ चीज़ें ऐसी हैं तमाम चीज़ों के बावजूद जिनकी ज़रूरत नहीं बदलती
जैसे नक्शे इबारत गिनती और आदमी के शरीर की बनावट की तस्वीरें
जिन्हें बूढ़ा और लड़की फिर बेच रहे हैं
वापस अपने नक्शे में अपनी जगह पर।

(वही, पृ. 74)

विष्णु खरे की अनेक कविताएँ उदाहरण के लिए गिनाई जा सकती हैं। **घर** एक ऐसी कविता है जिसमें कॉलोनियों में आसपास के घरों में काम करने वाली औरतें किस तरह वहीं बने पार्क में अपने छोटे बच्चों को छोड़ कर जाती हैं जहाँ उनके बच्चे सुबह आठ से शाम छह बजे तक खेलते रहते हैं। खेलने के लिए वे आसपास से कुछ ईंट-पत्थर इकट्ठे कर लेते हैं और उन्हें गोलाकार बनाकर उसके बीच बैठ

जाते हैं, यही उनका घर है। यह एक ऐसा दृश्य है जिस को कई बार देखने के बाद भी जो हमारी कविता में कम ही दर्ज़ हुआ है। इसी तरह **जो टेम्पो में घर बदलते हैं,** एक अद्भुत कविता है। इस कविता में इन घर बदलते लोगों और इधर से उधर हो रहे उनके गिरस्ती के सामान से लदे टेम्पो को देखकर कवि कहता है कि **लगता है लगातार वही शहर हिस्सों हिस्सों में इधर से उधर बस रहा है।** विष्णु खरे की स्मृतियों में छिन्दवाड़ा जैसा मंझोला शहर भी है और दिल्ली जैसा महानगर तो है ही।

इस दौर के अनेक कवियों की कविताओं को नगर की अलग-अलग छवियों और प्रवृत्तियों के लिए याद किया जा सकता है यथा नरेश सक्सेना की **ईंटें** की पंक्ति है **अगर लखनऊ की ईंटें बनी हैं/लखनऊ की मिट्‌टी से/तो लखनऊ के लोग क्या किसी और मिट्‌टी से बने हैं।** (समुद्र पर हो रही है बारिश : कविता संग्रह : नरेश सक्सेना, पृ. 19) सोमदत्त की **भोपाल गैस त्रासदी : तीन कविताएँ** (पुरखों के कोठार से : कविता संग्रह) विनोद कुमार शुक्ल की **दोस्त से मैंने कहा कि सूखी झील पर बसे हुए शहर की तरह था** या **राजनैतिक बहस में सूखे को लेकर** की पंक्ति : **संसद के कंघी के आकार के होने की प्रक्रिया में/सरकार के सिर पर बाल नहीं थे।** (वह आदमी नया गरम कोट पहिन कर चला गया विचार की तरह : कविता संग्रह) कमलेश की **क्रान्ति की प्रतीक्षा-6 की** ये पंक्तियाँ : **मुझे मालूम है कि यह इसी समय सम्भव था/कि सरकार नागरिक अधिकारों पर हमला करती** (खुले में आवास : कविता संग्रह, पृ. 87) इब्बार रब्बी की कविता **सड़क पार करने वालों का गीत** या **दफ्तर में खिलौना** (लोग बाग : कविता संग्रह) या **दिल्ली की बसों में** की पंक्तियाँ : **एक टर्मिनल से दूसरे टर्मिनल तक घूमता रहा/मैं शहर से मुक्त नहीं हो सका** (कवि ने कहा : कविता संग्रह, पृ. 51) कुमार विकल की **दिल्ली-दरवाजा** (आधार चयन : कुमार विकल की कविताएँ) आदि अनेक कविताएँ गिनाई जा सकती हैं।

साठ के दशक के अन्तिम वर्षों में नक्सलबाड़ी आन्दोलन शुरू हुआ और कहना चाहिए कि हिन्दी कविता में एक दूसरा रपचर या क्रमभंगता पैदा हुई। एक बार फिर शहर वर्सेस गाँव का विमर्श कविता के केन्द्र में लाने की कोशिश की गई और कुछ हद तक इसका असर भी हुआ। हालाँकि इसके साथ आए या इससे प्रभावित अधिकांश कवि मूलतः शहरों में रह रहे कवि थे। कुछ समय बाद स्वयं नक्सलबाड़ी आन्दोलन का भी केन्द्र शहर हो गया था। नक्सलबाड़ी आन्दोलन के साथ आए कवि वेणु गोपाल मूलतः हैदराबाद में रह रहे थे। उनकी कविता में गाँव नहीं है, हैदराबाद का ही उल्लेख अधिक है :

> **इसलिए तो जय तेलंगाना के नारे लगाता हुआ जो जुलूस**
> **चारमीनार से निकला था वह जुलूस नहीं था।**

मैं था। याने वेणु गोपाल।
और ओरियंट में बैठा, सारी दुनिया को कॉफ़ी की घूंटों के
साथ नकारने की बेवकूफ़ अक्लमन्दियाँ करता हुआ मैं
मैं नहीं हूँ। जुलूस है। जुलूस।
तेलंगाना वाला न सही, वियेतनाम वाला सही।

(परिभाषाहीन : वे हाथ होते हैं : कविता संग्रह : वेणु गोपाल, पृ. 58)

गोरख पांडे जैसे कुछ महत्त्वपूर्ण कवियों ने लोकगीतों की ज़मीन पर गीत लिखे लेकिन अधिकांश कविता का केन्द्र शहर बना रहा।

उसी शहर में नाल गड़ी है मेरी
उसी शहर में खाल खिंची है मेरी

सत्तर के दशक की कविता, जिसे आलोचना की सुविधा के लिए आठवें दशक की कविता कहा जाता रहा है, ने एक ऐसी जनतांत्रिक कविता को सम्भव किया जो न केवल मूल्यों के स्तर पर जनतांत्रिक थी बल्कि अपनी पूरी संरचना और भाषिक व्यवहार में भी जनतांत्रिक थी। अपने आसपास के जीवन को न केवल दर्ज़ करती बल्कि उसमें शामिल होती कविता। इसलिए यह 'देखा है' की कविता नहीं, एक शामिल व्यक्ति की कविता थी। सत्तर के दशक में नए उद्योगों के लिए शुरू हुई फ्री लाइसेंस योजना, बैंकों का राष्ट्रीयकरण, हरित क्रान्ति आदि ऐसी योजनाएँ थीं जिन्होंने एकबारगी भारतीय समाज में एक नया उत्साह पैदा किया था। इसने ग्रामीण समाज में चाहे बहुत ज्यादा परिवर्तन न किया हो लेकिन शहरों में अनेक छोटे-बड़े काम-धन्धों का विकास किया। इस दौर में छोटी-बड़ी अनेक मैन्युफेक्चरिंग इकाइयाँ मंझोले शहरों और कस्बों में स्थापित हुईं। बड़े औद्योगिक घरानों के बरक्स अनेक नए औद्योगिक घरानों का जन्म हुआ। और इन नव कुबेरों ने भारतीय सांस्कृतिक परिदृश्य पर भी एक खास तरह से प्रभाव डाला। कहा जा सकता है कि पापुलिस्ट मॉस कल्चर की यह शुरुआत थी। शायद इसका प्रतिपक्ष बनने की प्रक्रिया में कविता में स्थानीयता पर अधिक बल दिया गया। अब कविता का शहर न तो अनेक शहरों का कोई कोलाज था न स्मृतियों से बनाया गया कोई मनोगत शहर। इस कविता के शहर के नाक-नक्श स्पष्ट थे और उसे पहचाना जा सकता था, क्योंकि इस दौर के ज़्यादातर कवि शहरों में रह रहे थे। उनकी जीविका शहरों में थी, कुछ की महानगरों में और बहुतों की मंझोले शहरों में। इनके पास अपने बचपन या अपने ननिहाल-ददिहाल के गाँवों की स्मृतियाँ भी थीं। कहा जा सकता है कि उनका कोई न कोई रेशा गाँव से भी जुड़ा हुआ था। इसलिए इस कविता का नागर बोध समावेशी था। इसकी संवेदना और नगर-बोध नई राजनीतिक-आर्थिक हलचलों से बना था। विजय कुमार ने लिखा

है कि **आज की कविता में महत्त्वपूर्ण बात यह है कि उसकी राजनीतिक चेतना केवल कुछ सिम्बल्स तक सीमित न होकर जीवन की जटिल प्रक्रियाओं को एक ऐतिहासिक बोध से सम्पन्न करने में है। आठवें दशक के दौरान सबसे महत्त्वपूर्ण परिवर्तन यह घटित हुआ है कि भारतीय समाज में जनतांत्रिक चेतना मात्र राजनीतिक पार्टियों और चुनाव के जंगल से निकल कर समाज के मूल ढाँचे की उन भीतरी पर्तों तक जा रही है जो अब तक 'पालिटी' की पकड़ से बाहर थे। आजादी के बाद जिस भारतीय परिवेश को हम मोटे तौर पर राजनीतिक-आर्थिक शब्दावली में सामन्तवाद और नवउपनिवेशवाद के गठबन्धन से उपजे एक अवरुद्ध समाज के रूप में देखते हैं, बोध के स्तर पर पाते हैं कि संसदीय पार्टियों के क्षरण, समाज के आधारभूत स्तर पर होने वाली हलचलों पर राज्य सत्ता की पकड़ के लगातार ढीले पड़ते जाने और इस सबके साथ राष्ट्रीय राजनीतिक नेतृत्व की गरिमा के लगातार खत्म होते जाने की प्रक्रिया ने एक नए प्रकार की राजनीतिक अभिव्यक्तियों और कंटेंट की नई परिभाषाओं को जन्म देना आरम्भ किया है।** (आठवाँ दशक अर्थात... : कविता की संगत : विजय कुमार, पृ. 16) इसलिए इस कविता का नगर और नगर-बोध नई कविता, अकविता, युवा कविता या नक्सल कविता से भिन्न है। अधिक गहरे आशयों के साथ राजनीतिक है। और किसी मोह या मोहभंग का हिस्सा न होकर अधिक जनतांत्रिक भी है। यह कविता **मनुष्य और मनुष्य के बीच के उन ठोस रिश्तों की खोज में है जिसे शोषक व्यवस्था लगातार विरूपित करती जाती है।** (कविता की संगत : विजय कुमार, पृ. 18) मुझे लगता है कि यह कविता न केवल मनुष्य और मनुष्य के बीच के ठोस रिश्तों की खोज करती है बल्कि मनुष्य और जगहों से उसके रिश्तों को भी एक अलग तरह से देखने को प्रस्तावित करती है। इस कविता में अपनी स्थानीयता से प्रेम भी है और उसके विद्रूप के प्रति वह आलोचनात्मक भी है। सम्भवतः प्रगतिवाद की कविता के बाद आठवें दशक की ही कविता है, जिसमें अपनी स्थानीयता का इतना गहरा अहसास मौजूद है। सतपाल सहगल की तरह यह कविता साहस और बिना हिचक के यह कह सकती है कि **हम अपने शहर से प्यार करते हैं।** या ध्रुव शुक्ल की तरह कह सकती है कि :

उसी शहर में नाल गड़ी है मेरी
उसी शहर में दाल पकी है मेरी
उसी शहर में रहते मेरे दोस्त
उसी शहर में बीबी बच्चे
उसी शहर में खाल खिंची है मेरी
उसी शहर में बहुत दिनों तक
रहने से दुख होता है

**उसी शहर में बहुत दिनों के बाद
लौट आने से सुख होता है।**

(उसी शहर में : उसी शहर में उसका घर : संग्रह : ध्रुव शुक्ल, पृ. 119)

यह ऐसा शहर है जिसमें रहते हुए दुख भी होता है और लौट आने पर सुख भी। अरुण कमल के लिए **कोई शहर जब किसी एक का होता है/तब वास्तव में वो शहर, शहर नहीं होता।** 'ज्ञानोदय' की साहित्य वार्षिकी 2015 में अरुण कमल की कविता **शहर** को पढ़ते हुए एक बार फिर गांधी नेहरू के बीच गाँव और शहर को लेकर हुआ विमर्श याद आता है। शहर एक ऐसी चेतना है जो सजग है अपने अधिकारों के प्रति, उसमें प्रतिरोध करने की क्षमता भी है और एक किस्म की सामूहिकता भी। इसलिए **मुझे फख़्र है कि यह शहर सिर्फ़ मेरा नहीं है/फख़्र है कि यहाँ किसी का हुक्म नहीं चलता/और अगर कोई मुनादी करा दे तो भी कोई मानेगा नहीं/न फुटपाथों के बाशिन्दे न खोमचे वाले/न सुबह सुबह ख़ून बेचने वाले न गंगास्नान को/जाती स्त्रियाँ न रात-रात भर जग कर जवान हुए लड़के/और अगर शहर का मेयर खसखसी दाढ़ी लिए/सड़क पर उतर भी जाए तो गली के कुत्ते भूँकते-भूँकते/उसे बाहर रगेद देंगे।** (ज्ञानोदय साहित्य वार्षिकी 2015 : सम्पादक : लीलाधर मंडलोई, पृ. 173)

इसी तरह विस्थापन को लेकर जो भाव कभी बिदेसिया के नाटकों में या उस दौर के लोकगीतों में था, जिसमें कलकत्ता जैसा औद्योगिक नगर अक्सर एक खलनायक बन जाता था। या ग़ालिब जैसे उस शहर को देखकर उत्साहित हो जाते थे। इन दोनों ही तरह के सम्बन्धों से अलग भी कुछ उसी शहर को लेकर सोचा जा सकता है, इस बात को अरुण कमल की कविता **यात्रा** सम्भव बनाती है। यहाँ विस्थापन का सवाल तो है लेकिन उसका एक दूसरा पक्ष भी है। यूँ तो एक दृष्टि यह भी रही है कि मनुष्य जाति का पूरा इतिहास ही विस्थापन का इतिहास है। हमेशा ही मनुष्य नदियों के किनारे बस्तियों को बसाने और उनके उजड़ जाने पर आगे चले जाने की एक सतत प्रक्रिया में रहा है। माना जाता है कि नागर अनुभव में एक साहस है, ज्ञानात्मक और बहुआयामी चेतना को समृद्ध करने वाला है। कवि जानता है कि उसकी सृजनात्मक कल्पना उसके नागर जीवन के प्रति भी ऋणी है। उसकी संवेदनाशीलता, उसका विज़न और अन्तर्दृष्टि उसकी स्थानीयता से अपनी खुराक ग्रहण करती है। इसलिए कवि शहर की कुरूपता को अगर अनदेखा नहीं कर सकता तो उसके शुक्ल पक्ष को भी अलक्षित नहीं कर सकता। अरुण कमल की कविता यूँ तो यात्रा की कविता है लेकिन उसके साथ शहर की स्मृतियाँ भी हैं :

**रात के अँधेरे में दौड़ती जाती है पंजाब मेल
खिड़कियों से छुट-छुट कर गिरते हैं रोशनी के पट्टे**

हवाएँ लौह झँझरियों-सी बजतीं।
तलहथियों की आड़ में बगलगीर मुसाफिर ने
सुलगाई माचिस
और उघारती गई लौ चेहरे के अनगिनत रहस्य
कलकत्ते के कारखाने में बहाल
जलंधर का एक मजदूर
जा रहा है वापस फिर काम पर,
छूट गया है मुल्क बहुत दूर
बस तलवों में बाकी है
थोड़ी-सी धूल पंजाब की।
दौड़ती जाती है पंजाब मेल—
पच्छिम से पूरब, पच्छिम से पूरब।
पंजाब तो बहुत खुशहाल है, निहाल सिंह?
सुनते हैं लोग वहाँ दूध और मट्ठे से तर हैं,
निहाल सिंह?
फिर तुम क्यों जाते हो पश्चिम बंगाल,
बोलो, निहाल सिंह?

कौन नहीं चाहता जहाँ जिस ज़मीन उगे
मिट्टी बन जाए वहीं,
पर दोमट नहीं, तपता हुआ रेत ही है घर
तरबूज का,
जहाँ निभे जिन्दगी वही घर वहीं गाँव।

(यात्रा : अपनी केवल धार : कविता संग्रह : अरुण कमल, पृ. 12.13)

यह एक अलग तरह का नगर-बोध है जो विस्थापन को एक अलग तरह से देखता है। वह जीविका के बहुत व्यावहारिक पक्ष को भी देखता है। निहाल सिंह के लिए जहाँ निभे जिन्दगी, वहीं घर है। इसी कविता में आगे का एक अंश और है :

और यहाँ पंजाबियों से भरा हुआ डब्बा
पंजाबी मर्द, पंजाबी लड़कियाँ, औरतें, बच्चे
सब के सब जा रहे हैं वापस फिर काम पर,
ये परिवार मजदूरों के
जूट कारखानों के, लौह कारखानों के

(वही, पृ. 13)

शहर को हमेशा उसकी विपरीतताओं और विडम्बनाओं में देखने के अलावा कुछ ऐसे दृश्यों में भी देखा जा सकता है जो एक चित्र की तरह रंगीन हैं, सुन्दर हैं और आकर्षक भी। नरेन्द्र जैन ने कई शहरों पर सादतपुर, जोधपुर, बंगलूरू आदि पर, कविता डायरियाँ लिखी हैं। इन डायरियों में एक टूरिस्ट की दृष्टि ज़्यादा है, एक नागरिक वाला बोध कम है। लेकिन भारतीय नगरों के वर्णन पुराने समय में भी ऐसे कई कवियों ने किए हैं। इब्नबतूता की भारत यात्रा, अल-बिरूनी का भारत या बर्नियर की भारत यात्रा जैसी कई चर्चित किताबों को याद किया जा सकता है। हमारे नगरों की छवियाँ कई-कई रूप में अंकित हुई हैं। नागार्जुन जैसे घुमक्कड़ कवियों और राहुल सांकृत्यायन जैसे घुमक्कड़ लेखकों में भी इसे देखा जा सकता है। उन छवियों को सिर्फ़ इसलिए नज़रअन्दाज़ नहीं किया जा सकता कि वह एक यात्री दृष्टि है, एक नागरिक की दृष्टि नहीं है। फिर नागरिकता भी दो तरह की हो सकती है। एक नागरिक वह है जो किसी नगर या महानगर में जन्म से ही रह रहा है और दूसरा नागरिक वह जो किसी और नगर या गाँव से नौकरी के चलते किसी नगर या महानगर में आया और फिर वहीं बस गया। जन्मना नागरिकता और आजीविका से पायी नागरिकता में भी कुछ फ़र्क हो सकता है, बल्कि कहना चाहिए कि होता ही है। शायद यह देखना ज़रूरी होगा कि एक कवि अपनी नागरिकता को कितना अर्जित कर पाता है। कभी-कभी दूसरी नागरिकता आपको दर्शक से आगे नहीं बढ़ने देती। दूसरी नागरिकता हो सकता है कि आपमें एक हड़बड़ी, बौखलाहट और उग्रता पैदा कर दे। और आपका ध्यान शहर की कुरूपता पर अधिक केन्द्रित हो जाए। के.एम. पांडेय का तो मत है कि शहर की कई पाठ-परम्पराएँ हैं। कई बार तो वह स्वर्ग और नरक के रूप में भी व्यक्त होती हैं। विष्णु नागर की **बेशक स्वर्ग को स्वर्ग कहो** या असद ज़ैदी की **नरक के बारे में** कविताएँ भी शहर की ही छवियों का प्रतिनिधित्व करती हैं। आठवें दशक की कविता में दोनों ही तरह के कवि हैं, वे जिन्होंने अपनी स्थानीयता को जन्म के साथ पाया है और वे भी जिन्होंने उसे किसी नगर या महानगर में रहते हुए पूरी तरह से अर्जित किया है। कवि शहर को हमेशा उसकी कुरूपता में ही नहीं देखता, वह उसकी सुन्दरता को भी अनदेखा नहीं कर सकता। नरेन्द्र जैन की कविता में ऐसी कविताएँ भी हैं जो उनकी अपनी स्थानीयता से जुड़ी हैं और ऐसी कविताएँ भी जो एक यात्री की दृष्टि से नगर को देखती है। **बंगलूरू डायरी** में एक कविता है—**सिकन्दराबाद में पतंगें**। यह कविता शहर की एक छोटी-सी छवि को अपने में समेटती है :

जितने रंग हो सकते हैं सृष्टि में
और जिन रंगों की खोज की जानी अभी बाकी है
उन सारे रंगों को लिये
असंख्य पतंगों ने

कर दिया है आच्छादित सिकन्दराबाद का आसमान
रंग-बिरंगी लहरों का एक ज्वार जैसे उफनता है
और तेज़ी से नीचे उतरता है
ये सूर्य के मकरराशि में प्रवेश की पूर्वसंध्या है
सिकन्दराबाद के पतंगसाज़ व्यस्त हैं
और पतंगबाज़ देख रहे सिर्फ़ आसमान की ओर

सबसे खुश है यह लड़का
जिसने काट दी है किसी की डोर
और हल्की-सी उदासी उसके इर्द-गिर्द है
जिसकी पतंग कटकर अब धरती की ओर चली आ रही।

(चौराहे पर लुहार : कविता संग्रह : नरेन्द्र जैन, पृ. 38)

आठवें दशक की कविता में नगर की छवियों और नगर-बोध को देखने के लिये अनेक कविताओं को याद किया जा सकता है यथा मनमोहन की **चर्बी महोत्सव, कार्तिक स्नान, समायोजन** (ज़िल्लत की रोटी), वीरेन डंगवाल की **जो शहर कहीं था ही नहीं** (दुश्चक्र में स्रष्टा), विनय दुबे की **बड़ा दुख है झुग्गियों में, इतिश्री जोग लिखी भोपाल से** (भीड़ के भवसागर में) या **दुलीराम भोई** (फिलहाल यह आसपास), सत्यपाल सहगल की **रात-2** (कई चीज़ें), कृष्ण कल्पित की **पुराना किला** (बढ़ई का बेटा), नवीन सागर की **मैं तो नागरिक** (नींद से लम्बी रात), उदय प्रकाश की **इस सदी में एक लड़की जिससे दिल्ली में मैंने प्यार किया था, एक शहर को छोड़ते हुए आठ कविताएँ** (कवि ने कहा), अनूप सेठी की **बम्बई दर्शन** (जगत में मेला), राजेन्द्र शर्मा की **नीलिमा बंसल** (वर्तमान साहित्य कविता विशेषांक 1992), रतन चौहान की **21वीं सदी का अँधेरा** (घर की मुंडेर) और कुबेरदत्त के तो एक संग्रह का नाम ही है **केरल प्रवास** जिसमें केरल को लेकर सारी कविताएँ हैं। तुलसी रमण की **शिमला** (पृथ्वी की आँच) आदि अनेक कविताओं को याद किया जा सकता है।

दो

सत्तर के दशक की कविता में असद ज़ैदी और विजय कुमार की कविताओं में महानगर की सबसे अधिक छवियाँ मौजूद रही हैं। दोनों की कविता अपने विन्यास, अपने शिल्प, अपने भाषायी तेवर और मिजाज़ में बहुत अलग हैं। एक का महानगर दिल्ली है और दूसरे का मुम्बई। मेरा अभिप्राय दोनों की कविता में आई महानगर की छवियों की कोई तुलना करना नहीं है। हालाँकि दोनों ही कवि बेचैन मन:स्थितियों

के कवि हैं। असद ज़ैदी में खीज और कॉमिकल स्थितियों के बीच एक अद्भुत सन्तुलन बनता है जो शहर की छवियों के साथ उसमें धँसी विडम्बनाओं को उजागर करता चलता है, जबकि विजय कुमार में एक तीव्र आवेगात्मक लय है जो महानगर के प्रति अपने रागात्मक लगाव और उसकी अमानवीयता और क्रूरता के प्रति अपने क्षोभ और पीड़ा के साथ महानगर की छवियों को बहुत तीव्र गतियों में प्रस्तुत करती है। बेंजामिन ने जिसे फ्लीटिंग रियलिटीज़ कहा था, जो दौड़ती-भागती वास्तविकताओं से भरा है। विजय कुमार की कविता कुछ हद तक तेजी से दौड़ती-भागती वास्तविकताओं को एक तीव्र लय के साथ प्रस्तुत करती हैं। असद की कविता में मन:स्थितियों के आकस्मिक कट्स हैं। दृश्यों के बीच अन्तराल हैं। यथार्थवाद की रूढ़ परिभाषाओं में और लगभग उबाऊ हो चुकी ठस प्रविधियों में एक बहुत तेज गति में भागते शहर की छवियों को हमेशा पकड़ा भी नहीं जा सकता। दोनों कवि अपने-अपने ढंग से अपने महानगर को कविता में रचने का उपक्रम करते हैं। असद ज़ैदी के लिए **दिल्ली एक हृदय विदारक नगर है** तो विजय कुमार के लिए बम्बई—**तमाम लोग जब नींद में होते हैं/उस वक़्त भी एक शहर जगता है**। यहाँ यह भी उल्लेख कर देना अनावश्यक नहीं होगा कि विजय कुमार के लिए मुम्बई उनकी जन्मना स्थानीयता है और असद ज़ैदी के लिए अर्जित स्थानीयता।

वाल्टर बेंजामिन कहता है कि **कोई चेहरा इतना अतियथार्थवादी नहीं है जितना कि एक शहर का चेहरा।** (पहल 69 : बाज़ार में खड़ा दार्शनिक—वाल्टर बेंजामिन, पृ. 21) **उन्होंने देखा कि यहाँ इच्छाओं और लालसाओं की एक भयावह मरीचिका रची गई है। महानगर में परिकथाओं के भयानक विरोधाभास हैं। चमक और रंगीनी के साथ-साथ शोषण, अन्याय, अजनबीपन और अमानवीयकरण के सबसे जटिल रूप यहाँ के दैनन्दिन जीवन में व्याप्त हैं। बेंजामिन के लिए शहरी जटिलता आधुनिकता का सार तत्व है।** (विजय कुमार, पहल, 69, पृ. 21)

असद ज़ैदी की **दिल्ली दर्शन : कुछ कविताएँ** की एक छोटी-सी कविता :

इस चमकते हुए नगर को देखिए
इसके पिछवाड़े में कितना मोम
इकट्ठा हो चुका है
यहाँ लोगों को
उनकी मर्दानगी और उनके वहम
चबाए डाल रहे हैं
वे लेकिन मरे जाते हैं
अपने ही आनन्दोच्छ्वास के बोझ से।

(दिल्ली दर्शन : कुछ कविताएँ-चार : सरे-शाम : कविता संग्रह : असद ज़ैदी, पृ. 136)

असद ज़ैदी के लिए दिल्ली की नागरिकता **जैसी पाँचवीं कक्षा में गणित मेरे लिए वैसी इस शहर में भीड़।** इस बात पर भी गौर किया जाना चाहिए कि भीड़ को देखने का ढंग हर समय की कविता में बदलता जाता है, असद ज़ैदी या विजय कुमार जिस तरह अपने महानगर की भीड़ को देखते हैं यह ढंग सौमित्र मोहन या जगदीश चतुर्वेदी से ही नहीं, रघुवीर सहाय से भी भिन्न है। **रात को मैंने देखा** कविता के कुछ अंश, जो यथार्थ को एक अतियथार्थ में या कहें कि फैंटेसी में बदल देते हैं :

रात को मैंने देखा मैं गुज़र रहा हूँ दिल्ली से
जगहें तो वही हैं लेकिन कुछ घटित हुआ लगता है
अरे! वे लोग क्या हुए जो कि यहाँ कल तक थे ?
तीन साहित्यकार पच्चीस दलाल छह अफ़सर एक हक़ीम
असंख्य तस्कर पाँच भंगी एक शैतान एक पहलवान
आठ-दस आशिक़ कुछेक जासूस और फ़रिश्तों के कुछ गिरोह...

देखा फ़क़त दो केंकड़े चले जा रहे हैं बदरपुर की ओर
एक अदद साँप रेंग रहा है सड़क पर

(वही, पृ. 121)

इसी कविता का एक अंश और है, जिसमें गति तो है पर मनुष्य नदारद है। सिर्फ़ चीज़ें चल रही है।

सड़कों पर महज़ पहिए चले जा रहे हैं
कारों के साइकिलों के बसों के
जूते चले जा रहे हैं चप्पलें घिसट रही हैं
मनुष्यों का कहीं पता नहीं मशीनें ग़ायब हैं
दीवारे अब याचना नहीं करतीं
इन्दिरा गांधी के लिए
वोट की
पाठक जी और प्रो. अरोड़ा का विशाल साम्राज्य
मिस्मार हो चुका है : हर तरफ़
इक हू का आलम है

इसी कविता का अन्तिम अंश इसे एक स्वप्न गाथा बना देता है :

मुझे भय है यह थोड़ी देर ही का रोना है
यह स्थिति रहेगी नहीं यह सपना है
हिल रही है यह इमारत जिसमें कि सोया हूँ
काँप रही है देखो मेरी दिल्ली

काँप रहा है सारा संसार
और इसके ऊपर लटका चन्द्रमा।

(सरे-शाम : कविता संकलन : असद ज़ैदी, पृ. 122-123)

दिल्ली एक ऐसा शहर है जो अनेक कवियों की कविता में बार-बार आया है। 1984 के दंगों में दिल्ली को देखकर लिखी गिरधर राठी की कविता **दिल्ली 1984** के इस अंश में एक अलग दिल्ली है :

क्या तुमने देखे धू-धू करते मकान ?
हाँ मैंने देखे।
और शहर पर मँडराता धुआँ ?
हाँ।
क्या तुमने शोर सुना ?
हाँ मैंने सुना।
भागते हुए हुजूम ?
हाँ।
और वे जो भाग नहीं सके ?

नहीं। कुछ दिनों बाद
देखे मैंने ढेर राख के
जिन में शायद दबी थीं कुछ हड्डियाँ
कुछ नर कंकाल।
फिर कुछ आँकड़े देखे
कुछ ब्यौरे सुने
चश्मदीद।

(निमित्त : कविता संग्रह : गिरधर राठी, पृ. 34)

विष्णु नागर की कविता—**दिल्ली कहती है** एक अलग तरह से दिल्ली के चरित्र का बखान करती है। एक ऐसा महानगर जिससे आप प्रेम भी करना चाहें तो वह आपका नहीं हो पाता। मुझे लगता है कि हर नया शहर एक ऐसा व्यावहारिक स्पेस है जिससे आपके कामकाजी सम्बन्ध ही बन सकते हैं। वह हमारे अन्त:करण का हिस्सा नहीं बन पाता। विष्णु नागर की कविता कुछ-कुछ ऐसी ही बात की ओर इशारा करती है :

मैं जब काबुल गया तो मुझे काबुल से प्रेम हो गया
लखनऊ गया तो लखनऊ से

आजकल मैं कहीं नहीं जा रहा
तो मुझे दिल्ली से प्रेम होने लगा है

और दिल्ली कहती है
क्या हो गया है तुझे
आजकल तू कहीं आता-जाता क्यों नहीं!

(घर के बाहर घर : कविता संग्रह : विष्णु नागर, पृ. 31)

अस्सी के बाद की कवि निर्मला गर्ग की दिल्ली के बारे में लिखी कविता—**दिल्ली,** नगर के साथ बने रिश्ते के द्वैत को बहुत कम पंक्तियों में समेट लेती हैं। इस शहर से उसे लगाव भी है लेकिन कहीं उसके प्रति क्रीटिकल भी हैं :

धुआँ है शोर है हिंसा लालच तनाव है
फिर भी दिल्ली मुझे अच्छी लगती है
इसकी सड़कें इमारतें पुल पार्क
सब जैसे मेरी रूह से निकले हैं
हालाँकि जब कोई हिकारत से कहता है
दिल्ली भी कोई रहने की जगह है
तो मैं न सिर्फ़ हाँ में हाँ मिलाती हूँ
वरन् आगे बढ़कर कहती हूँ
आदमी कहीं रह ले बस दिल्ली में न रहे।

(कबाड़ी का तराजू : कविता संग्रह : निर्मला गर्ग, पृ. 27)

निर्मला गर्ग नगर के विरोधाभास का बहुत बारीकी से अवलोकन करती हैं। भारतीय नगर की एक दिलचस्प फितरत है कि यहाँ कई समय एक साथ समानान्तर रूप से चलते हुए दिख सकते हैं। निर्मला गर्ग अपनी कविता में इसकी भी छवियों को दर्ज़ करती हैं। एक कविता है **चाँदनी चौक** इसके कुछ अंश इस दृष्टि से देखना उपयुक्त होगा :

कभी ज्यादा दबाव महसूस करें तो निकल आएँ
चाँदनी चौक की तरफ
वहाँ आपको दिलचस्प नज़ारे मिल सकते हैं
टाटासूमो हथठेले से भिड़ी होगी
एक बहुत मोटा आदमी गोलगप्पे खा रहा होगा
उसकी जनेऊ की तसवीर एक विदेशी महिला
उतार रही होगी

(वही, पृ. 23)

हमारे आधुनिक जीवन में कितने विरोधाभास एक साथ एक ही जगह में मौजूद हैं, यह कविता बहुत दिलचस्प ढंग से इस दृश्य में रख देती है। इसी कविता का अन्तिम अंश है :

गलियों नुक्कड़ों दूकानों में घूमकर
जब आप घर पहुचेंगे
तो अकेले नहीं होंगे
आपके साथ होंगे बहुत-से दृश्य बहुत-सी आवाज़ें
और सबसे बढ़कर एक सचमुच की थकान
सर भारी होने के बावजूद रात आपको गहरी
निश्चिन्त नींद आएगी।

(कबाड़ी का तराज़ू : कविता संग्रह : निर्मला गर्ग, पृ. 24)

हिन्दी की कविता इसी तरह के नगर-दृश्यों और आवाजों की स्मृतियों से भरी हुई है।

लगभग 21वीं सदी में आए कवि सर्वेन्द्र विक्रम की कविता हमारा शहर में दिल्ली के इतिहास की पुरानी स्मृतियाँ और तात्कालिक इतिहास की घटनाएँ, शहर से लगाव और अलगाव, उसके परिचित और अपरिचित चेहरे सब एक साथ कविता में उभरते हैं :

जब दिल्ली के हालात बिगड़ने शुरू हुए तो
शिल्पियों, कलाकारों और शायरों ने इस शहर का रुख किया
और शहर ने उन्हें पनाह दी शोहरत भी
जब देहातों के हालात बिगड़ने लगे
तो इस शहर ने लोगों को आसरा दिया
याचकों को चुनने की स्वतंत्रता नहीं थी

यह उन गिने-चुने शहरों में था
जहाँ सन् 1947 में बचा रहा जातीय भाईचारा
नवाब के मटियाबुर्ज चले जाने
यानी 1857 के लगभग डेढ़ सौ साल बाद शहर के कई चेहरे दिखाई देते
शहर और देहात, अवधी और उर्दू, रैयत और तालुकदार
शुद्धि और संगठन, तबलीग़ और तंज़ीम,
मर्सिया और कव्वाली, टप्पा और ख़याल, वेश्याएँ और दलाल और बीच के लोग
धातु, सीमेंट और पत्थर में बदलता हुआ शहर चमचमा रहा था
और पिछवाड़ा उतना ही बजबजाता हुआ

फिर भी लगता कि रहने लायक सिर्फ़ यही जगह है
यहीं है ज़िन्दगी का असली मज़ा यहीं हैं सम्भावनाएँ
जितने सपने देखने वाले शहर की उतनी ही व्याख्याएँ
स्त्रियों को लगता था उनका भी योगदान है
शहर के अर्थशास्त्र में

लेकिन दिन के अन्त में वे बन जाती थीं निरी स्त्रियाँ
एक हत्या के बाद शहर की छवि
अचानक जिस तरह टूटी सन् 84 में
तब लगा कि इस जगह को जितना जानता हूँ
उतनी ही अपरिचित है
हम शायद सिर्फ़ ढोंग ही कर रहे थे कि हम इसे जानते हैं

शहर इसी तरह दो विपरीत आत्यंतिकताओं का युग्म होता है। उसमें तरतीब और बेतरतीबपन, मानवीय स्पेस और स्वतंत्रता भी और अमानवीयता और क्रूरता भी एक साथ निवास करती हैं। इसी कविता का अन्तिम अंश है :

कितनी बार रौंदे जाने के बाद भी हर बार
कैसे खड़ा हो जाता है यह शहर
जैसे ज़िन्दगी की बेहद कठिन परिस्थिति में पड़ा हुआ कोई चरित्र हो
जो इस बात को समझना चाह रहा हो
कि मानवीय होने का क्या अर्थ है

यह कभी पूरा नहीं होता
और शहरों की तरह।

(सम्बोधन : समकालीन युवा कविता अंक, अक्तूबर-दिसम्बर, 2009, पृ. 163-164)

तीन

अंग्रेजों ने 1679 में बम्बई को, जो ब्रिटेन के राजा को पुर्तगाली राजकुमारी से विवाह में दहेज में मिला था, अपना मुख्य व्यापारिक केन्द्र बना लिया। ...बम्बई का नगर-क्षेत्र सात द्वीपों पर फैला हुआ है, जो मुख्य भूमि और बाँधों द्वारा आपस में जुड़े हुए हैं। बम्बई का सँकरा, नुकीला प्रायद्वीपीय भाग अरब सागर में दूर तक घुसकर उसे दो खाड़ियों में बाँटता है—पूर्वी और पश्चिमी। 1679 में अंग्रेजों ने सूरत के कुछ बुनकरों को बम्बई में लाकर बसाया था। उन्नीसवीं सदी के अन्त तक यह भारत में कपड़ा उद्योग का सबसे बड़ा केन्द्र बन गया। ×××

उपनिवेशकालीन बम्बई का अधिकांश विस्तार उन्नीसवीं सदी के उत्तरार्ध में हुआ। (भारत के नगर : अ.कोरोत्स्काया, पृ. 194)

कलकत्ता के बाद उपनिवेशकालीन भारत में बम्बई दूसरा सबसे बड़ा उद्योग केन्द्र था। बम्बई आने के लिए भी देश के कई हिस्सों से विस्थापित होकर मजदूर और मध्यवर्ग के लोग आए लेकिन जैसा पारिवारिक और सम्बन्धों का संकट कलकत्ता के लिए हुए विस्थापन से उपजा था वैसा सम्भवतः बम्बई के कारण नहीं हुआ। कुछ फिल्मी गीतों और फिल्मों के कथानकों के अलावा बम्बई पर लिखी गई कविताओं में विस्थापन की वैसी छवियाँ नज़र नहीं आतीं। डॉम मोरिस ने लिखा है कि **बम्बई एक असम्भव और अविस्मरणीय जगह है। इसमें भिखारी बच्चे हैं, फुटपाथ पर सोने वाले हैं, शहरी झुग्गियों का फैलता जाल है, शोर है, उलझा हुआ ट्राफिक है, गगनचुम्बी, फेशनेबल अपार्टमेन्टस् हैं। बहुत गरीब हैं जो बेहतर भविष्य पाने के लिए, आसपास के गाँवों से विस्थापित होकर आए हैं, और बहुत अमीर हैं—व्यापारी, उद्योगपति, फिल्मी अभिनेता। एक विशेष अर्थ में इसे भारत का अधिकतम कास्मोपोलिटन सिटी कहा जा सकता है।** (जरनल ऑफ कॉमनवेल्थ लिट्रेचर) दी पोएट्री ऑफ बाम्बे सिटी : आर. राज राव, पृ. 63) हिन्दी फिल्मों में हमेशा से ही मुम्बई महत्त्वपूर्ण लोकेल रहा है। उसके कथानकों और अनेक गानों में भी उसकी छवियाँ रही हैं। विजय कुमार का मत है कि दूसरे विश्वयुद्ध के बाद आर्थिक केन्द्र के रूप में कलकत्ता की साख कम हो गई। और आजीविका के लिए लोग बम्बई की तरफ आने लगे। अनूप सेठी ने विजय कुमार से सवाल किया था कि **क्या आधुनिक समय में महानगरीय बोध का अर्थ एक ऐसे संवेदन जगत से है जिसमें एक असुरक्षा का भाव हो, अकेलेपन का बोध हो, अज्ञात किस्म के भय हों और लगातार अजनबी होते जाने की स्थिति हो। क्या यही महानगरीय बोध कहलाएगा?** विजय कुमार का उत्तर है कि **दुनिया के तमाम बड़े-बड़े शहरों में जो कविता लिखी गई उसमें एक खास तरह की भौतिक परिस्थितियों में घिरे जीवन और शब्द के आपसी सम्बन्धों की खोज मिलती है। कैसे एक रचनाकार शहर के बारे में अपनी कविता रचता है, कैसे एक पाठक इससे अपना रिश्ता बनाता है और कैसे उस कविता की व्याख्या उस की एक ख़ास छवि को हमारे भीतर जगाती है यही बात महत्त्वपूर्ण है।** (वसुधा, 65, पृ. 69-70) विजय कुमार का मानना है कि महानगर आपसे बहुत कुछ जो परम्परागत है उसे छीन लेता है लेकिन वह एक नई ज़मीन भी आपको देता है। शहर अनेक परस्पर विरोधी मनोभावों को आपके भीतर जगाता है। शहर एक ऐसी जगह है जो जितना पहचाना सा लगता है उतना ही या उससे भी अधिक अनपहचाना लगता है। सच तो यह है कि वास्तविक नगर और नगर की अवधारणा के बीच एक बहुत बड़ा अन्तराल है। इस तरह की विरोधाभासी आकृति और आकृतिहीनता का परिप्रेक्ष्य कवि को प्रभावित तो करते ही हैं। विजय कुमार का

मानना है कि **शहरों को सुसम्बद्ध रूप में, एक कोहेरेंट शक्ल में बाहर खड़े हो कर देखा ही नहीं जा सकता। शहर के बाहर खड़े होने की कोई जगह नहीं है। और फिर जब आप शहर के भीतर प्रवेश करते हैं तो एक चेहराविहीन भीड़ और एक तीव्र गति से आपका सामना होता है।** (वही, पृ. 72) विजय कुमार की कविताओं में मुम्बई की अनेक छवियाँ हैं। **मुम्बई दिनांक**...शीर्षक कविता की दो पंक्तियाँ हैं :

एक पंक्ति उस अकेलेपन के लिए
जिसमें शर्म से विरत हमारा सामूहिक अवचेतन है।

(चाहे जिस शक्ल से : कविता संग्रह : विजय कुमार, पृ. 79)

महानगर पर लिखी गई बहुत सारी कविताओं में और जैसा आर.राज राव मानते हैं कि विशेष रूप से स्त्रियों द्वारा महानगर पर लिखी जाने वाली कविताओं में अकेलेपन पर लिखी कविताओं की संख्या बहुत अधिक है। (सन्दर्भ : दी पोएट्री ऑफ बाम्बे सिटी, पृ. 65) इसका एक प्रमुख कारण शायद यह भी है कि शहर में एक दूसरे के प्रति आत्मीयता का अभाव है। आत्मकेन्द्रितता अधिक है। हालाँकि इसके विपरीत उसमें सामूहिकता की चेतना भी है।

मुम्बई पर लिखी कविताओं में रात और लोकल ट्रेन और बस शायद सबसे अधिक संख्या में आने वाले बिम्ब हैं। विजय की कविताओं में भी इसे लक्ष्य किया जा सकता है। एक विचलित कर देने वाली छवि विजय कुमार कीर कविता **वसुन्धरा** में है। यहाँ उस कविता का एक अंश देखा जा सकता है :

दूर उपनगर के प्लेटफॉर्म नम्बर तीन पर
एक नंग धड़ंग औरत खड़ी है
दिन दहाड़े
सरे आम
बेख़बर
आसमान तकती
यह रेनुआँ का कोई पुराना चित्र नहीं है
इस औरत को दो आदमी घूर रहे हैं
बीस आदमियों ने घूरा उसे
फिर तो दो सौ आदमी घूरने लगे हैं
पगली है, पगली है
हँसे दो आदमी
बीस आदमी हँसे ज़ोर से
अब तो दो सौ आदमियों की डरावनी हँसी है
प्लेटफॉर्म पर यहाँ से वहाँ तक

इसी कविता का आगे का एक अंश है :

पर हँसते हुए ये लोग पिछले ज़माने के बर्बर लोग नहीं हैं
कि हँसे तो हँसते ही चले जाएँ
ये हँसते हुए दो सौ आदमी
पल-भर में ग़ायब हो जाते हैं
सिर्फ़ एक गाड़ी के आते ही।

(वही, पृ. 77-78)

मुम्बई की अनेक छवियाँ उसके लैंडस्केप के बारे में, उसके जीवन के बारे में और उस शहर के चरित्र के बारे में, उसकी प्रवृत्तियों के बारे में विजय कुमार की कविताओं में बार-बार आती हैं। विजय कुमार की कविता **कुछ पंक्तियाँ लिखी नहीं गईं इस शहर में,** का एक अंश है :

मुझे केवल एक शब्द लिखना था : वर्तमान।
मुझे लिखना था कविता में बार-बार
बेहरामपाड़ा, पठानवाड़ी, धरावी, असल्फ़ा।
इस तरह मुझे लिखनी थी उन्नीस सौ तिरानवे की
कठिन दरिन्दगी पर
एक मुकम्मल कविता।
मैं हर बार चालीस के दशक की
आसान करुणा की ओर चला जाता था।

(चाहे जिस शक्ल से : कविता संग्रह : विजय कुमार, पृ. 82-83)

हमारे महानगरों और नगरों का जीवन इतनी तेज़ी से बदला है कि उसमें पुरानी ढंग की सोच और संवेदना की बनावट से आज का जीवन नहीं लिखा जा सकता। एक वर्तमान को लिखने के लिए आज की संवेदना की ज़रूरत होगी। एक पागल स्त्री, एक उग्र भीड़ और अस्पताल के बाहर अपना रक्त बेचने वाले, जीवन के ऐसे अनेक अनुभव विजय कुमार की कविता में उभरते हैं। **बम्बई : पाँच कविताएँ** में भी रातों रात बिल्डिंगों का खड़ा हो जाना और समुद्र का लगातार शहर से दूर खिसकते जाना और बाहर से आए किसी व्यक्ति का शहर में पता ढूँढ़ते फिरना आदि कई दृश्य वहाँ हैं।

मुम्बई के बारे में अनेक कविताएँ हिन्दी में और शायद ज़्यादा कविताएँ मराठी और गुजराती में लिखी गई हैं। दलित साहित्य के आन्दोलन में नामदेव ढसाल और नारायण सुर्वे जैसे अत्यन्त महत्त्वपूर्ण कवि मुम्बई में हुए और उन्होंने मुम्बई के

अंडरवर्ल्ड के अपराध जगत को भी अपनी कविता का विषय बनाया। मुम्बई के जीवन की तलछट का जैसा वर्णन मराठी की दलित कविता में उजागर हुआ वैसा चाहे हिन्दी कविता में नहीं हो लेकिन फिर भी मुम्बई की अनेक छवियाँ हिन्दी कविता में देखी जा सकती हैं। विनोद भारद्वाज ने **मुम्बई की स्मृति** कविता लिखी और विनोद कुमार श्रीवास्तव कुछ वर्ष मुम्बई में रहे, उन्होंने भी कुछ कविताएँ मुम्बई के बारे में लिखी हैं। एक शहर को कई तरह से, कई आँखों से देखा जा सकता है। विनोद भारद्वाज की कविता **बम्बई की स्मृति** में काला घोड़ा जैसी जगहे हैं तो शहर के बीच का एक मैदान भी और रॉयल एशियाटिक सोसायटी का पुस्तकालय भी। और एक छवि यह भी :

एक बहुत पुरानी (शीशो वाली) लिफ़्ट में एक
सत्तर बरस के चालक के साथ चढ़ कर
हम नरीमन प्वाइंट के सुन्दर समुद्र पर
सुबह पाँच बजे उतरते हैं।
रात ढाई से टेस्ट मैच के टिकटों की
लाइन में लगे अनगिनत लड़के बारी-बारी
पेशाब करने
इतने अच्छे प्वाइंट पर आते हैं।

(जलता मकान : कविता संग्रह : विनोद भारद्वाज, पृ. 50-51)

विनोद कुमार श्रीवास्तव अपनी कविता बम्बई : तीन : समुद्र, में बम्बई के समुद्र को दूसरी तरह देखते हैं :

धीरे-धीरे फैलता
पसर गया है एक समुद्र
इस शहर के किनारे
इस शहर के चक्कर में
समुद्र का कंठ नीला है
और मस्तिष्क अशान्त

कंठ नीला और मस्तिष्क अशान्त के साथ ही शिव का मिथक स्मृति में उभरता है। इसके बाद एक दूसरा चित्र कविता में प्रकट होता है जिसमें समुद्र के किनारों को और अधिक पाटते हुए ज्यादा से ज़्यादा ज़मीन निकाली जा रही है।

ज्यादातर लोग चिढ़ते हैं
समुद्र की इन बातों से
अपने भीतर

हमले के बीज बोते हुए
हर एक इमारत जुटी है
इस फेर में कि
जमा सके अड्डा
ऐन समुद्र की छाती पर
और बाकी इमारतें कर रही हैं
अपनी गरदनें लंबी
शहर के कबाड़ियों का
एक गिरोह है
जुटा हुआ दिन रात
कि पाट सकें कोई कोना
बना सकें एक और बुर्ज़
समुद्र के खिलाफ़
इस मोर्चे पर।

(एवजी में शब्द : कविता संग्रह : विनोद कुमार श्रीवास्तव, पृ. 53-54)

अचानक उसमें एक बीप सुनाई देती है तब मालूम होता है कि वह मनुष्य नहीं, वस्तु है

कवि इतिहासकार बद्री नारायण ने **दॅ लांग नाइंटी : समय को समझने का एक विनम्र प्रस्ताव** में नब्बे के समय की सामाजिक निर्मिति को तलाशने की एक कोशिश की है। उनका मानना है कि सनातनता के भंगीकरण के क्रम में सामाजिकता या सोशल टाइम रचा जाता है और शायद इसी क्रम में समय की सामाजिक निर्मिति सम्भव हो पाती है। बद्री नारायण का मत है कि **समय एक समय-खंड की इकाई मात्र न होकर एक प्रक्रिया है, जो उस समय के पहले भी घटित होता रहता है एवं उस समय के बाद भी।** (प्रतिरोध की संस्कृति : बद्री नारायण, पृ. 50) एरिक हॉब्सबाम की शार्ट सेन्चुरी और लांग सेंचुरी की तर्ज़ पर वह भी लांग नाइंटी की अवधारणा को अस्सी से 21वीं सदी के पहले दशक तक फैला कर देखने का आग्रह करते हैं। बद्री नारायण ने लिखा है कि **आज़ादी के बाद भारतीय जनतंत्र के इतिहास में 50, 60 एवं 90-तीन महत्त्वपूर्ण समय-खंड हैं।** (वही, पृ. 50) इसी लेख में आगे वह लिखते हैं कि **80 से 1990 का कालखंड जो द लांग नाइंटीज़ का निर्णायक कालखंड है, में विश्व मानवीय विकास के इतिहास में एक महत्त्वपूर्ण दुर्घटना होती है, वह है सोवियत रूस का पतन। प्रतिरोध एवं परिवर्तन के महान् स्वप्न का भंग। इस घटना ने पूरी दुनिया में एक संशय एवं भय को जन्म दिया। मानवीय भविष्य की इस संकटग्रस्तता में वलनरेबिलिटी-स्वप्नभंग की पीड़ा, आत्मखोज, लोक समाजों के संस्त्रोतों को लेकर प्रतिरोध के नए स्त्रोतों की तलाश 80 से 90 के दशक की कविता की मूल प्रवृत्ति बनी। एकान्त श्रीवास्तव, नवल शुक्ल, कुमार अम्बुज, देवी प्रसाद मिश्र, निलय की कविताएँ इन प्रवृत्तियों से उभर रही थीं। बाद में पवन करण, चेतन क्रान्ति, पंकज चतुर्वेदी, व्योमेश शुक्ल इत्यादि अनेक कवि इस संकटग्रस्तता की रचनात्मक अभिव्यक्ति करते हैं।** (वही, पृ. 53)

बद्री नारायण का मानना है कि **प्रतिरोध एवं राजनीति के ऑबवियस फॉर्म्स खतरे में हैं, नए प्रतिरोधी रूपों की तलाश दृष्टि, विचार एवं रचना ज़रूरी हो गए हैं। 80-90 के दौर में ही भारतीय जनतांत्रिक राजनीति फ्रैक्चर्ड होती है। सत्ता की केन्द्रीयता टूटती है। उपेक्षितों की राजनीति बलवती होती है, नए सामाजिक समूह भारतीय जनतांत्रिक राजनीति में महत्त्वपूर्ण होते जाते हैं।** (प्रतिरोध की संस्कृति : बद्री नारायण, पृ. 53) और उनका मानना है कि ये प्रक्रियाएँ हमारे चेतना बोध और रचनात्मक स्फेयर में महत्त्वपूर्ण परिवर्तन लाती हैं।

कहना न होगा कि अस्सी के मध्य में भूमंडलीकरण के साथ नई अर्थनीति और सूचना प्रौद्योगिकी का फैलता जाल, नया बाज़ारवाद, रूस का पतन और दुनिया का यूनीपोलर होना, (या कम-से-कम एक समय के लिए ऐसा महसूस होना) अमरीकी आक्रामकता के साथ विज्ञापन से लेकर रचना की भाषा तक आई उद्दंडता, उग्रता और आक्रामकता ने हिन्दी कविता में कई परिवर्तन किए हैं। शहरों का स्वरूप तेजी से बदला है। जो गलियाँ सुनसान थीं वहाँ दुकानों का एक जाल बिछ चुका है। सँकरी गलियों में इतनी कारें और दो पहिया वाहन आज से पहले कभी नहीं रहे। सड़कों को चौड़ा करने के नाम पर हजारों पेड़ों की बलि चढ़ा दी गई और निरन्तर चढ़ाई जा रही है। भवन ही बहुमंजिला नहीं हुए, शहरों के व्यस्त हिस्सों को भी दो और तीन मंजिला बना दिया गया है। शहर तेजी से, इतना तेज़ी से भाग रहा है कि 21वीं सदी का एक युवा कवि शाप देते हुए यहाँ तक कह देता है कि **जल्द ही शहर अपनी अन्धी रफ़्तार में भागता बेतहाशा/चला जाएगा अस्तित्व से इतना दूर कि समय/उसके चिन्ह तक खोज न पाएगा अपनी स्मृति तक में/मेरा श्राप है उसे।** (शहर के बारे में : कुमार अनुपम, सम्बोधन अक्टूबर-दिसम्बर, 2009, पृ. 38) बद्रीनारायण का मत है कि **लांग नाइंटीज़ मोबाइल, एस.एम.एस. टेलीविजन, नेट, नए सूचना संजालों से बने एक वर्चुअल कम्युनिटी एवं वर्चुअल रियलिटी से टकरा रहा है, जहाँ 80 से पूर्व की रियलिटी (यथार्थ) का अर्थ बदल चुका है। महाकाव्यात्मक (रामायण महाभारत) मिथक से इतर हम एक नए मिथिक टाइम, जो इस वर्चुअल स्फेयर ने तैयार किया है, से गुजर रहे हैं। इस के साथ ही यह कि कुछ के सुख पर अनेकों के दुख को देख रही इसी पीढ़ी की दुविधा की रचनात्मकता, जो आज हमारे सामने है, उक्त समय सन्दर्भ पर विचार करते हुए मूल्यांकन की नई दिशाओं की ओर संकेत करती है।** (प्रतिरोध की संस्कृति : बद्री नारायण, पृ. 54)।

बद्री नारायण जिन घटनाओं और नई प्रक्रियाओं को लांग नाइंटीज़ के अन्तर्गत गिनाते हैं, वह चाहे रूस में समाजवादी सरकार का पराभव हो, या नई प्रौद्योगिकी और सूचना क्रान्ति का आना हो यह सारी घटनाएँ 90 के बाद दृश्य पर आती हैं।

सम्बोधन के समकालीन युवा-कविता अंक के सम्पादकीय में असद ज़ैदी ने लिखा है कि हम जिस युग में रह रहे हैं उसकी शुरुआत 1989-90 से हुई है : इससे पहले की दुनिया कुछ और थी। यह कोई सांस्कृतिक विभाजक रेखा नहीं, आलमी पैमाने पर समाजार्थिक और ऐतिहासिक विभाजक रेखा है। वक्त गुज़रने के साथ यह तथ्य और भी स्पष्ट होता जाएगा। इस दौर की पहचान भूंडलीकरण या (पूँजीवादी नव साम्राज्यवाद) के जिन विशेष पहलुओं से की जा सकती है वे हैं परिवर्तन की समकालिकता (simultaneity of change) और अपरिवर्तनीय गति (absolute speed) इसी सम्पादकीय में आगे उन्होंने लिखा है कि **पूंजी की ऐसी सार्वभौमिक तानाशाही पहले कभी न थी—इसने राजनीतिक समय और सांस्कृतिक समय को एक कर देने का अभियान छेड़ रखा है, और इस अभियान के नतीजे हमारे मुल्क में, हमारे दैनिक जीवन में और हमारे राष्ट्रीय आचरण में हरदम दिखाई देते हैं।** (सम्बोधन : अक्टूबर-दिसम्बर, 2009, पृ. 11)

मुझे लगता है इसलिए 80 से 90 के बीच आई कवि पीढ़ी की कविता में अगर 90 के बाद हुए परिवर्तन दिखलाई भी देते हैं तो वह उनकी 90 के बाद लिखी गई कविता में ही लक्षित किए जा सकते हैं। जब भी जीवन में बड़े और गुणात्मक परिवर्तन होते हैं जो जीवन को एक हद तक बदल देते हैं, उनका असर उस समय मौजूद सभी आयु वय के लोगों पर अलग-अलग ढंग से होता है। ये परिवर्तन केवल 80 के कवियों की कविता में ही नहीं सम्भवत: इस समय रचनारत सभी पीढ़ियों के कवियों की कविता में अपने-अपने ढंग से लक्ष्य किए जा सकते हैं। यह मात्र संयोग नहीं कि सोवियत संघ की समाजवादी क्राति के विखंडन के बाद पोलैंड के बुज़ुर्ग कवि ताद्यूश रोजेविच और हिन्दी के वरिष्ठतम कवि कुँवर नारायण का वक्तव्य ही सबसे महत्वपूर्ण था। इसलिए किसी भी बड़े परिवर्तन के चिन्ह उस समय रचनारत सभी पीढ़ियों के रचनाकारों पर लक्षित किए जा सकते हैं हालाँकि उनके देखने के ढंग में भिन्नता भी होती है।

अस्सी में आए कवियों में कई महत्त्वपूर्ण कवि छोटे या मंझोले शहरों और कस्बों से शहरों में और कुछ महानगरों में गए थे। उनकी कविता में इसीलिए नगर कई-कई रूपों में नज़र आता है। कुमार अम्बुज की कविता है **अपने शहर लौटते लोग**। जब कई दिन बाद आप शहर लौटते हैं तो पाते हैं कि इस बीच शहर में बहुत कुछ बदल चुका होता है। नगर एक गतिमान जगह है। उसमें हर समय कुछ न कुछ परिवर्तित होता ही रहता है :

वे लौटते हैं अपने शहर और चकित होते हैं जैसे कोई अजनबी
दरअसल वे लौटना चाहते हैं अपने पुराने जीवन में
ढूँढ़ना चाहते हैं पुराने चेहरे पुराने चौराहे

खोजना चाहते हैं पच्चीस साल पुरानी गन्ध
जो अभी उनके नथुनों में बाकी है और महकती है
ढूँढ़ना चाहते हैं वे मैदान, वे जगहें जहाँ से दीखता था पूरा आसमान
मगर पाते हैं अब वहाँ सब कुछ गुज़र चुका है
जैसे गुप्त-काल जैसे कुषाण वंश जैसे मोहनजोदड़ो

लेकिन अपना शहर है कि बुलाता है बार-बार
और लौटते हैं लोग घूमते हैं बेचैन
कि निर्माण के ध्वंस में शायद बची रह गई हो कोई चीज़
जो उन्हें भर देगी नए उल्लास से
जो दिला देगी उन्हें विश्वास
कि अरे, यही तो है अपना शहर!

(प्रतिनिधि कविताएँ : कविता संग्रह : कुमार अम्बुज, पृ. 57-58)

यहाँ गगन गिल की एक छोटी सी कविता **शहर लौटते हुए** को याद किया जा सकता है :

शहर लौटते हुए
उसने सोचा
और चाहे सब बदल गया हो
गली के किनारे का गुलमोहर
ज़रूर वैसा ही होगा
पहुँचकर देखा—
सिर्फ़ पेड़ बीत चुका था।

(एक दिन लौटेगी लड़की : कविता संग्रह : गगन गिल, पृ. 49)

अपने लांग नाइंटीज़ वाले लेख में जिस प्रौद्योगिकी की बात और कविता में आ रहे परिवर्तन की बात बद्री नारायण करते हैं, वह वस्तुतः एक नागर प्रक्रिया है। कुमार अम्बुज की कविता नई **सभ्यता की मुसीबत** या **वस्तुओं का न्याय** में उसे देखा जा सकता है :

मैं एक मनुष्य को छूता हूँ वह मुस्कुराता रहता है
अचानक उसमें से एक बीप सुनाई देती है
तब मालूम होता है कि वह मनुष्य नहीं, वस्तु है।

(वस्तुओं का न्याय : प्रतिनिधि कविताएँ : कुमार अम्बुज, पृ. 126)

वस्तुतः इस दौर ने, नए बाजारवाद ने मनुष्य को भी एक कमोडिटी में, एक वस्तु में बदल दिया है। यह नगरीकरण की सबसे बड़ी त्रासदी भी है। नगरीकरण के इस पक्ष को भी हिन्दी कविता में कई जगह दर्ज़ किया गया है। अम्बुज की इस कविता के साथ ही 90 के बाद आए कवि अशुतोष दुबे की **रीमिक्स** जैसी कविता या **मोबाइल** को देखा जा सकता है :

शोक-सभा में वह अचानक बज उठता है
उसे हक़ है
आप संगीत-सभा में हों
या शेयर-बाज़ार में
नाटक-कविता में हों
या बीच प्यार में
वह आपको बरामद कर लेता है
कभी भी—कहीं भी
और बतियाना पड़ता है
बीच सड़क पर
दफ़्तर में, कार में
चौतरफ़ा व्यापार में
एक दिन उसकी आवाज़ आती है
सभ्यता के मलबे के नीचे से।

(रचना समय : सम्पादक हरि भटनागर : सितम्बर, 2013, पृ. 17)

बद्रीनारायण की कविता **सुभाष नगर** में नगर की छवियाँ ही नहीं हैं वह नगर में न्याय का भी एक सवाल खड़ा करती है। यह नगर—**शहर इलाहाबाद में है एक नगर सुभाष नगर/रईसों की बस्ती और नगर कोतवाल की कोठी के ठीक बीचोंबीच/कहते हैं यह बस्ती/इस शहर को बनानेवालों की बस्ती है।** (खुदाई में हिंसा : कविता संग्रह : बद्रीनारायण, पृ. 25) इस नगर में जो हवेलियाँ जो मॉल और सिविल लाइन्स के शानदार बंगले हैं वो जिन मिस्त्रियों ने बनाए थे वे सब इसी मोहल्ले के झोपड़ों में रहते रहे हैं :

सुभाष नगर मुहल्ला है ऐसे लोगों का
जिन्होंने बनाई हैं वे सड़कें
जिन पर वे निश्चिन्त हो चल नहीं सकते
इन्होंने जो पार्क बनाए हैं उस पार्क में वे फुरसत
के क्षण बिता नहीं सकते

इसी कविता में आगे के अंश हैं :

ज्यों ज्यों बनेंगी पॉश कालोनियाँ
उनके बीच में कूड़ा फेंके जानेवाली जगह पर
वे महफूज हो बना लेंगे अपनी बस्तियाँ
जहाँ से कोई तोप, कोई पुलिस उन्हें हटा नहीं सकती
नगर निगम उनके रहने के अधिकार को
अवैध मानकर भी अवैध ठहरा नहीं सकती

जैसे-जैसे बढ़ेगा शहर
वैसे वैसे बढ़ेंगे सुभाषनगर
वे शहर की अभिजात्यता के ख़िलाफ़
उसकी ज़रूरत बन बढ़ेंगे
वे रहेंगे इस शहर के नागरिक समाज के
भीतर अपराधबोध बनकर
वे भारतीय आजादी की साठ साल की आलोचना बन बैठेंगे
वे उभरेंगे शालीन चेहरों की शालीनता के खिलाफ़ उस पर गुम्मड़ बनकर

लोकतंत्र के चेहरे पर दाग बनकर रहेंगे
वे रहेंगे शहर के इतिहास में इतिहास के ख़िलाफ़
वे शहर के भूगोल का प्रतिरोध बनकर रहेंगे।

(खुदाई में हिंसा : कविता संग्रह : बद्री नारायण, पृ. 26)

ज्ञान प्रकाश ने (दॅ अर्बन टर्न : सराय रीडर-2, द सिटीस् ऑफ़ एवरी डे लाइफ़) लिखा है कि झुग्गियों से जो मध्यवर्ग को अलग करता है वह सिर्फ़ समय नहीं, एक स्पेस है, मात्र भौतिक स्पेस नहीं एक स्पेस ऑफ़ पावर (शक्ति संरचना)। नगर स्वयं भी अपने सारतत्व में एक शक्ति संरचना है। उसका ढाँचा, उसकी पूरी बनावट समकालीन शक्ति संरचना को ही व्यक्त करती है। तीनों शक्ति संरचनाओं को—आर्थिक भी, राजनीतिक और सांस्कृतिक भी। इस सन्दर्भ में संजय चतुर्वेदी की एक छोटी सी कविता—**जिस दिन यह शहर बना था** को भी याद किया जा सकता है।

इस शहर में अनगिनत इमारतें हैं
दरवाज़े हैं
लोग निकलते हैं उनसे हर सुबह
शाम को घुस जाते हैं वापस

उनके पास सोचने का समय नहीं
निर्णय का अधिकार नहीं
इस शहर का जो सबसे ताक़तवर आदमी है
वह भी ऐसा ही है
सारे निर्णय उसी दिन ले लिए गए थे
जिस दिन यह शहर बना था।

(प्रकाशवर्ष : कविता संग्रह : संजय चतुर्वेदी, पृ. 52)

शहर की बदलती छवियों और बदलती प्रवृत्तियों और समय के साथ हो रहे बदलावों को देखने के लिए 1980 के बाद आए कवियों में से कुछ कवियों की कविताओं को यहाँ स्मरण किया जा सकता है जैसे देवीप्रसाद मिश्र की **उस समय रात थी** (उर्वर प्रदेश) या **अँगूठा** (वर्तमान साहित्य कविता विशेषांक 1992), एकान्त श्रीवास्तव की **नागरिक व्यथा** (वर्तमान कविता विशेषांक 1992), विमल कुमार की **सपने में एक औरत से बातचीत** या **भेड़िया आपको खा जाएगा** (सपने में एक औरत से बातचीत), अनूप सेठी की **हमारे शहर की स्त्रियाँ** (वर्तमान कविता विशेषांक 1992), हरीशचन्द्र पांडे की **लेबर चौराहे पर** (भूमिकाएँ ख़त्म नहीं होतीं), गोविन्द माथुर की **जयपुर छोड़कर** (बची हुई हँसी), अग्निशेखर की **राजा, तेरी नगरी में चोर** या **जवाहर टनल** (मेरी प्रिय कविताएँ), हेमन्त कुकरेती की **शरणार्थी** (चलने से पहले), स्वप्निल श्रीवास्तव की **सब कुछ है बाज़ार** (मुझे दूसरी पृथ्वी चाहिए), बसन्त त्रिपाठी की **घर और पड़ोस,** मोहन कुमार डहेरिया की **विस्थापन** (कहाँ होगी हमारी जगह), प्रियदर्शन की **राँची से दिल्ली चौदह बरस बाद** (नष्ट कुछ भी नहीं होता) मदन कश्यप की **दिल्ली** (दूर तक चुप्पी) आदि। इसी सन्दर्भ में एक छवि को देखना दिलचस्प हो सकता है कि किस तरह आजादी के बाद अनेक किलों और महलों को सरकारी कार्यालयों और होटलों में तब्दील कर दिया गया। संरचनाओं के बदलने के बाद किस तरह उसकी ताकत का प्रतिनिधित्व करने वाली जगहों में परिवर्तन आता है। नरेन्द्र गौड़ की एक कविता—**शाजापुर का क़िला** इसका दिलचस्प उदाहरण है :

शाहजहाँ ने
बसाया था
यह शहर
कभी नहीं
सोचा होगा
इतना बड़ा क़िला
बनाते हुए

वन महक़मा
दफ़्तर लगा लेगा
उसकी इमारत में

यह तो क़तई
नहीं सोचा होगा
शाहजहाँ ने
मैं बाबू बनूँगा
इसी दफ़्तर में
बुर्ज़ पर चढ़ा
बीड़ी पीता हुआ
मुआइना करूँगा
शहर का
लंच टाइम में।

(गुल्लक : कविता संग्रह : नरेन्द्र गौड़, पृ. 71)

लीलाधर मंडलोई की कविता में शहर कई-कई रूप में आता है। उन्हें न केवल उस शहर से लगाव है जो उनका अपना शहर है या जो कभी उनका अपना शहर रहा है बल्कि घूमते हुए जिन शहरों से उनका नाता बनता जाता है, उनकी कविता में वे शहर भी पूरे लगाव रचाव के साथ शामिल होते जाते हैं। उनके पहले कविता संग्रह की कविताओं में अंडमान निकोबार के अनेक द्वीपों और आदिवासी अंचलों की अद्वितीय छवियाँ हैं। पोर्टब्लेयर पर और अन्य द्वीपों पर जितनी कविताएँ मंडलोई ने लिखी हैं शायद स्वयं अंडमान के किसी कवि ने नहीं लिखी होंगी। इसके अलावा भी गैस त्रासदी की स्मृतियों से जुड़ा भोपाल, बचपन की स्मृतियों का छिन्दवाड़ा, और हमेशा अपरिचित-सा लगता दिल्ली और अनेक नगरों की छवियाँ उनकी कविता में हैं। इसी तरह एकान्त श्रीवास्तव में भी छत्तीसगढ़ के आदिवासी अंचलों की छवियाँ हैं। लेकिन इन कविताओं को भी वस्तुतः नागर बोध की कविताएँ ही माना जाना चाहिए, क्योंकि इनमें इन जनजातियों के जीवन को देखने की जो दृष्टि है वह वस्तुतः वयस्क नागर दृष्टि ही है। यह उस दृष्टि से अलग है जिसके बारे में बद्री नारायण ने लिखा है कि **शारीरिक रूप से रचनाकारों के छोटे शहरों से बड़े केन्द्रों में उत्प्रवास (माइग्रेशन) से ज्यादा बड़ा खतरा हमारे मनोजगत में केन्द्र (दिल्ली का) का सर्वग्रासी प्रसार एवं आधिपत्य की स्थापना है।** (प्रतिरोध की संस्कृति : बद्री नारायण, पृ. 46) लीलाधर मंडलोई की भोपाल पर लिखी एक कविता—**इस नए शहर में** इस अर्थ में भी याद की जा सकती है कि भोपाल में घटित गैस त्रासदी के बाद

लिखी गई यह एक ऐसी कविता है जिसे हिन्दी में अपने ढंग का शह्र–आशोब या शहर–शोकगीत कहा जा सकता है :

पत्थरों के बीच उगते सुन्दर इस नए शहर में
रह सकते हो अगर
तो स्वागत है आपका श्रीमन्!
वैसे भी इस शहर के असल बाशिन्दे
एक भयानक सुबह क़त्ल हुए
पटियों पर रोशन रहने वाला यह शहर अब अतिक्रमणों से मुक्त है
रात-बिरात बैठने का मन हो
नसैनी लगानी हो आसमान तक
चूमना हो परियों का भाल
हाँकना हो शिकार के पैतृक क़िस्से
करनी हो रात-भर गप्पगोई तो माफ़ करें!
नहीं मिलेंगे फ़ज़्ल भाई या रामप्रकाश
रातों का जश्न कब का खेत हुआ
वहाँ अब पुलिस का पहरा है/और अंकों का नफ़ा-नुकसान
यह नए रोम के शैशव का समय है
पत्थरों के बीच उगते इस नए शहर में
स्वागत आपका श्रीमन्!
जहाँ असल भोपाल एक भयानक सुबह क़त्ल हुआ।

(इस नए शहर में, : कवि ने कहा : कविता संग्रह : लीलाधर मंडलोई, पृ. 48)

इस दौर में आई स्त्री कवियों की कविता का शहर, कविता के शहर का एक अलग पाठ भी प्रस्तुत करता है। नगरों और महानगरों में स्त्रियों की असुरक्षा भी बढ़ी है और उनका अकेलापन भी, यह स्वर स्त्री कवियों की कविता में महसूस किया जा सकता है। अनिता वर्मा **विज्ञापन** कविता में कहती हैं कि **कुछ दिनों बाद शायद बनाए जाएँ विज्ञापन/ख़रीदिए एक पूरा आदमी भाव प्रेम और संवेदना से भरपूर।** (एक जन्म में सब : कविता संग्रह : अनीता वर्मा, पृ. 19) भूमंडलीकरण के दौर में शहर पर किए गए इस व्यंग्य की नोक को महसूस किया जा सकता है। अपने घर कविता में एक बहुमंजिला इमारत में रह रहे अनेक परिवारों के बीच किस तरह का सम्बन्ध बन रहा है, किस तरह की उदासी उनमें बढ़ रही है—

वे सब एक जैसा मुस्कुराते हैं
कहते हैं कुछ संकोच से
क्या मैं छोड़ दूँ आपको घर

उस बहुमंजिला इमारत में
जहाँ बत्तीस फ़्लैटों की उदासी है
किसी पुनर्जीवन की प्रतीक्षा में ?

(रोशनी के रास्ते पर : कविता संग्रह : अनीता वर्मा, पृ. 13-14)

अनामिका ने शहरों की कई समस्याओं को लेकर कविताएँ लिखी हैं। उनके एक कविता संग्रह का नाम ही था **समय के शहर में**। उनकी एक कविता **अँगरेजी यों भेजती है बमवर्षक विमान** हमारे समय में शहरों में भाषाओं पर आए संकट को देखने की एक कोशिश करती है।

देशी भाषाओं के सिर नाचती-सी
मिथकों में यह प्रवेश करती है,
करती है यह प्रवेश चाय-पान की गुमटियों, ढाबों, अड्डों,
चंडूखानों की गपशप में ऐसे
जैसे कि बर्र बेर में!

(कवि ने कहा : कविता संग्रह : अनामिका, पृ. 42)

रश्मि रेखा की कविता **यूज़ एंड थ्रो** की अन्तिम पंक्तियाँ हैं—**यूज़ एंड थ्रो के इस नए समय में/मैं कहाँ हूँ/क्या मैं नींद में/चल रही हूँ/या तैर रही हूँ/जैसी तैरती है/समुद्र में व्हेल।** (सीढ़ियों का दुख : कविता संग्रह : रश्मि रेखा, पृ. 112) सविता सिंह का संग्रह **नींद थी और रात थी** की कविताएँ और 21वीं सदी में आई कवि बाबुषा कोहली के संग्रह **प्रेम गिलहरी दिल अखरोट** की अनेक कविताओं में शहर की कई छवियाँ दर्ज़ हुई हैं। इनसे अलग हाल के वर्षों में आई युवतम कवि शाहनाज़ इमरानी की कविता में साम्प्रदायिक तनाव से गुजरते शहर का चेहरा भी है—**सड़कें भागते क़दमों से थक/आहटें बन जाती हैं/क़त्लगाह बन गया है शहर/और वो मेहफ़ूज़ जगहों पर बैठे/कहते हैं स्थिति नियंत्रण में है/सारे शहर में आग, धुआँ फ़ायरिंग चीख़ और ख़ून/और हर तरफ रास्ता बन्द है की लगी हैं तख्तियाँ।** (दृश्य से बाहर : कविता संग्रह, शाहनाज़ इमरानी, पृ. 19)

इसके साथ ही लगभग सदी के अन्तिम दशक में आए अनेक कवियों की कविता में अलग-अलग तरह से शहर की स्मृतियाँ और छवियाँ देखी जा सकती हैं। इसमें भूमंडलीकरण के बाद आई नई प्रोद्यौगिकी के सन्दर्भ भी हैं और उसके साथ आई नई शब्दावली के नए सन्दर्भ भी। सन्तोष कुमार चतुर्वेदी की **पेनड्राइव समय** (दक्खिन का भी अपना पूरब होता है), पवन करण की **ये रास्ता जहाँ पहुँचता है** (अस्पताल के बाहर टेलीफ़ोन), हरिओम राजोरिया की **विस्थापन** (खाली कोना), सविता भार्गव की **महानगर की रात** (किसका है आसमान), सुन्दर चन्द ठाकुर की **पन्द्रह साल बाद**

शहर में पुनरागमन (किसी रंग की छाया में), श्रीप्रकाश शुक्ल की **देश के प्रधानमंत्री के नाम देश के एक नागरिक का ख़त** (ओरहन) इसी दौर के युवा कवि संजय कुन्दन के तो दूसरे संग्रह का नाम ही है **योजनाओं का शहर**। इस संग्रह की इसी शीर्षक की कविता शहरों की योजनाओं की विडम्बनाओं को अपनी व्यंजना में उजागर करती चलती है। नीलेश रघुवंशी की कविता **अजनबी शहर** (घर-निकासी) आदि अनेक कविताएँ हैं जो नई प्रोद्यौगिकी के साथ बदलते शहरों और शहर के मिजाज पर टिप्पणी करतीं है। जीवन में आ रहे बदलावों के अनेक दृश्य वहाँ देखे जा सकते हैं। कविताओं का यह शहर वस्तुत: भूमंडलीकरण के दौर की कविता का शहर है।

जहाँ एक 'की' दबाते ही पृथ्वी डाटा बनकर सामने आने लगी है

इक्कीसवीं सदी के पहले दशक की कविता को लेकर तरह-तरह के सवाल साहित्य में उठते रहे हैं और उठ रहे हैं। असद ज़ैदी भी पूछते हैं कि **क्या आज के दौर की कविता सिर्फ़ प्रतीक्षा की कविता है? प्रतीक्षा की कविता में भी बेकली की कविता होती है, पूछने की बात यह है कि वह बेकली कहाँ अवस्थित है, और वह बेकली कैसी है, क्या आज की कविता अपने आज के यथार्थ को जागरूक ढंग से देख और आँक रही है और लिहाज़ा प्रतिपक्ष बना रही है?** (सम्बोधन अक्टू-दिस., 2009, पृ. 12) मुझे लगता है कि इस कविता को हम समय से पहले ही बहुत सारे सवालों के घेरे में ले आए हैं। समाज और समय की गति इतनी तेज़ हो गई है कि उसने बहुत कुछ को गड़बड़ा-सा दिया है। हमारी आँखों के सामने इतनी रंग-बिरंगी और प्रतिपल बदलती इमेजेज़ पहले कभी नहीं रहीं। इलेक्ट्रानिक मीडिया ने हमारे चारों ओर बिम्बों का एक मेला-सा रच दिया है। बिम्बों की इस अतिशयता का हमारे देखने, सोचने, समझने और हमारे पूरे व्यवहार पर असर हुआ है। वह पहले के बनिस्बत बदल सा गया है। दिक् और काल का वह बोध जो पहले था बदल चुका है। बाज़ार और नई प्रौद्योगिकी ने बिम्बों की एक प्रति भाषा तैयार कर ली है और उसने कविता की भाषा को एक चुनौतीपूर्ण स्थिति में ला दिया है।

नगरों में और लगभग सारे जीवन में ही जो बदलाव हो रहे हैं उन्होंने एक स्तर पर नगरों, कस्बों और गाँवों जैसी इकाइयों को बहुत अलग-अलग नहीं रहने दिया है। कस्बे, गाँवों का विस्तार और नगर कस्बों का विस्तार बन गए हैं। शहर अपने आसपास के गाँवों को तेज़ी से लीलते जा रहे हैं। प्रौद्योगिकी ने इतनी तेज़ी से अपना प्रसार किया है कि उसने गाँवों, कस्बों और नगरों की सीमाओं को अतिक्रमित कर डाला है। किसी नई प्रौद्योगिकी के बारे में हम यह नहीं कह सकते कि यह मात्र नगर

तक सीमित है। नगर-बोध अब एक ऐसा बोध नहीं रह गया है जो नगर में रह रहे नागरिक की ही बपौती हो। देश में नगरीकरण के ताजा आँकड़े चौंकाने वाले भी हैं लेकिन शायद अन्तर्राष्ट्रीय मानदंडों और कार्पोरेट हाउसेस् की आकांक्षाओं के हिसाब से उनकी रफ़्तार अभी भी धीमी है। शायद इसीलिए 100 स्मार्ट सिटी बनाए जाने के विचार को प्रचारित किया जा रहा है। नगरीकरण का यह दौर गांधी के विचारों का तो प्रत्याख्यान है ही लेकिन यह नेहरू के शहरीकरण के स्वप्न से भी कोई मेल नहीं खाता। यह बाज़ार केन्द्रित शहर है। औद्योगिक नगर नहीं। खास अर्थ में चाहे इसे आधुनिक नगर भले कह लिया जाए। 1901 तक जनसंख्या का केवल 11 प्रतिशत हिस्सा ही शहरों का निवासी था। लेकिन 1947 के बाद इस अनुपात में गुणात्मक परिवर्तन हुआ है। 2011 की सेन्सस रिपोर्ट के अनुसार शहरी इलाकों की जनसंख्या लगभग 37 करोड़ हो चुकी है और शहरों की संख्या 7000 से ऊपर पहुँच गई है। यह कविता इन्हीं नई स्थितियों से जूझती, उलझती और इसे समझने की कोशिश करती कविता है।

अशोक कुमार पांडे की कविता की एक पंक्ति है **एक आजमगढ़ मेरे भीतर है और मैं दिल्ली में रहता हूँ।** (ज्ञानोदय साहित्य वार्षिकी 2015, पृ. 288) यह दुविधा हमारे इस समय की ही समस्या नहीं है। यह समस्या भारतीय नगरीकरण की एक मूल समस्या है। इसके अधिकांश नागरिक जो नगरों, खासतौर से महानगरों में आए है उनका मन विभाजित मन है। इसलिए उसके नगर-बोध की यह दुविधा हिन्दी की पूरी आधुनिक कविता की दुविधा है।

उमाशंकर चौधरी की कविता **दिल्ली मेट्रो : कुछ बिम्ब** का एक हिस्सा है : **मेट्रो चल रही है/और यात्री लैपटॉप और मोबाइल में व्यस्त हैं/मोबाइल का नेटवर्क आ रहा है और जा रहा है/दिल्ली मेट्रो चल रही है और यात्री/एक साथ कई कामों में लगे हुए हैं/वे चल भी रहे हैं/और इस दुनिया से जुड़ भी रहे हैं।** (वे तुमसे पूछेंगे डर का रंग : कविता संग्रह : उमाशंकर चौधरी, पृ. 67) हालाँकि दुनिया से जुड़ने का यह अहसास कितना वास्तविक है और कितना आभासी इस पर विचार किया जाना चाहिए, क्योंकि यह माना जाता है कि प्रौद्योगिकी व्यक्ति को निर्वैयक्तिक बनाती है।

युवा कवि कुमार विनोद की कविता बच्चा और बाज़ार का एक हिस्सा है : **अभी पिछले महीने ही तो ख़रीदे हैं उसने/अस्सी रुपयों के हेडफोन/तोड़कर गुल्लक अपनी/लैपटॉप पर सुनने थे गाने जो उसने/और इन दिनों बस एक ही धुन सवार है उस पर/कि किसी न किसी तरह/इकट्ठे करने हैं पंद्रह सौ रुपये/और ख़रीदना है एक आइ-पॉड/टी.वी. से झाँकते शातिर बाज़ार की नज़रें गड़ी हैं मेरे बच्चे पर/और वो पगला ख़रीद लेना चाहता है/पूरा का पूरा बाज़ार।** (युवा द्वादश : चयन:निरंजन श्रोत्रिय, 2011, पृ. 42)

प्रोद्यौगिकी के चलते नगर-जीवन और नागर-बोध में आ रहे बदलाव और उसकी विडम्बना को जितेन्द्र चौहान ने अपनी कविता **भूख** में एक अलग रूपक में देखा है।

सायबर कैफे में बैठा हूँ/
कम्प्यूटर के सामने/
दर्ज़ कर रहा हूँ भूख के आँकड़े/
एक्सल में/
सामने दरवाजे पर/
खड़ी है भिखारिन अपने बेटे के साथ/
नज़रअन्दाज कर यह दृश्य/
फीड कर रहा हूँ/
दुनिया में भूख के आँकड़े/
आँकड़ों का ग्राफ/
बढ़ता जा रहा भूख के साथ/
उठकर जा नहीं सकता/
भर रहा हूँ पेट/
भूख के आँकड़ों से/
कुछ है जो तमाम कोशिशों के बावजूद/
डिलीट नहीं हो रहा!

(युवा द्वादश 2011 : चयन निरंजन श्रोत्रिय, पृ. 72)

इसी तरह रवीन्द्र स्वप्निल प्रजापति की कविताओं में ऐसे कई दृश्य हैं जो मीडिया नगर और नेटवक्र संस्कृति के इस दौर को व्यक्त करते हैं। **प्लाज़्मा स्क्रीन पर आए कुछ दृश्य** की शुरुआती पंक्तियाँ हैं : **रंगीन दुनिया में सब चीज़ें स्क्रीन जैसी दिखने लगी हैं/जहाँ एक की दबाते ही पृथ्वी डाटा बनकर सामने आने लगती है/और लड़का अपने प्रेम पर सर्फिंग शुरू कर देता है।** इससे अलावा भी **छोटे शहर में हम दोनों कमाते हैं, सीटियाँ, आवारा छोकरे और शहर, मेरा शहर और टाकीज़ में बैठे दोस्त।** (कोलाज : कविता संग्रह : रवीन्द्र स्वप्निल प्रजापति, पृ. 46) आदि कई कविताएँ याद की जा सकती हैं जिनमें शहर का बदलता हुआ चेहरा नज़र आएगा।

एक ओर यह अति आधुनिक प्रौद्योगिकी आ रही है और दूसरी ओर शहर स्त्रियों के लिए लगातार असुरक्षित जगह बनते जा रहे हैं। अपराध बढ़ रहे हैं। अपराध का चरित्र पहले से अधिक क्रूर होता जा रहा है। इसने सामान्य व्यक्ति के मन में नए डर और आशंकाओं को पैदा किया है। मनोज कुमार झा की कविता डर इसी को व्यक्त करती है। अच्युतानन्द मिश्र की कविता **शहर में एक बस्ती थी** की

अन्तिम पंक्तियाँ हैं : **शहर जिनके पाँव तले थी/ये बस्तियाँ/जिनकी छाती पर पैर रख/जवान हुए शहर।** (आँख में तिनका : कविता संग्रह : अच्युतानन्द मिश्र, पृ. 42) वस्तुत: ऐसी ही बस्तियाँ शहरों के लिए सस्ते श्रम का इन्तज़ाम करती हैं। यह कविता भी इसी सत्य की ओर इशारा करती है कि इन बस्तियों के ही दम पर ये शहर जवान हो रहे हैं।

नए बदलते शहर की नई छवियों और नई प्रवृत्तियों को देखने के लिए 21वीं सदी में आए अनेक युवा कवियों जैसे प्रांजल धर की कविता **मेरा गाँव : एक शहर,** आत्मा रंजन की **मॉल पर बच्चे,** हरि मृदुल की **पोलीथीन, स्पॉट बॉय,** इसके अलावा हरे प्रकाश उपाध्याय, सुरेश सेन, निशान्त, अजेय, वाज़दा ख़ान, प्रियंका पंडित, राकेश रंजन आदि की कविताओं को भी देखा जाना चाहिए।

नोटबुक : उपरान्त

कविता का शहर अगर एक नाटक होता तो मैं एक भरत-वाक्य लिख कर विदा ले लेता। खुसरो की तरह न सही उसी तर्ज़ पर लिखी गई विजयदेव नारायण साही की छोटी सी कविता से अपनी बात को यह कह कर समाप्त कर देता कि कविता के नगर में अब तल्ख अँधेरा फैल चुका है, एक सन्नाटा है, अब यहाँ से लौट चलने का समय हुआ...

मन में पैठा चोर अँधेरी तारों की बारात हुई
बिना घुटन के बोल न निकले यह भी कोई बात हुई
धीरे-धीरे तल्ख़ अँधेरा फैल गया, खामोशी है
आओ खुसरो, लौट चलें घर इस नगरी में रात हुई।

(ज्ञानोदय, दिसम्बर 1966, महानगर विशेषांक-2, पृ. 56)

कविता के कई शहरों के चित्रों को अपने में समेटने की एक कमजोर सी कोशिश करती, यह एक असम्बद्ध-सी नोटबुक है। विगत सदियों में और विशेष रूप से स्वाधीनता के बाद और पिछले चार दशक में, भारत में शहर का चेहरा-मोहरा जितना बदला है, उसके स्वभाव में जितने और जैसे परिवर्तन हुए है उतना ही कविता के शहर का चेहरा-मोहरा भी बदला है। इसका एक सरल रेखिक ग्राफ तैयार नहीं किया जा सकता। ज़्यादा से ज़्यादा एक झलक, एक धुँधली-सी तस्वीर हम बना सकते हैं। कविता के शहरों में भटकते हुए एक घुमन्तू कवि की नोटबुक, उसकी घुमक्कड़ी की तरह ही होगी। वह बहुत व्यवस्थित हो इसकी उम्मीद भी नहीं की जानी चाहिए। (आप चाहें तो राहुल सांकृत्यायन के घुमक्कड़ी के शास्त्र से सनद प्राप्त कर सकते हैं।) बहुत कुछ समेटने की इच्छा में अक्सर बहुत कुछ छूट जाता है। यह भी कहा जा सकता है कि बहुत कुछ छोड़ देने से बहुत कुछ मिल जाता है, बहुत कुछ बच जाता है। मैं इसी तरह की दोहरी प्रक्रिया से गुजरता रहा...इस काम को करने के दौरान। सोचा कुछ अलग ढंग से था लेकिन जब हुआ तो उसका नाक-

नक्श, पहले सोचे गए ढाँचे से एकदम अलग-सा था। जिन लोगों को अकादमिक ढंग से काम करने की आदत नहीं होती उनके साथ ऐसा अक्सर होता है। कम-से-कम मेरे साथ तो अक्सर ही ऐसा होता है कि मैं कुछ सोच कर लिखने बैठता हूँ और लिखा कुछ और ही जाता है। कवि की काव्य-प्रक्रिया उसके हर काम में उसका पीछा करती रहती है। वह आख्यान हो या आलोचना, कवि और उसकी कारगुजारियाँ उसमें हर जगह मौजूद रहते हैं। इसलिए पहले से योजना बना कर मैं कोई काम नहीं कर सकता।

मैंने सोचा था कि 70 के दशक से 21वीं सदी की पहली दहाई तक की कविता में नगर और नगर-बोध में हो रहे परिवर्तनों पर विचार करूँगा। लेकिन दिमाग एक बहुत ही खुराफ़ाती चीज़ है, तत्काल उसने सवाल किया कि जो नगर-छवियाँ और नगर-बोध इन चार दशक की कविताओं में दीख पड़ता है, क्या वह इन्हीं कवियों की कमाई है? क्या उसे इन कवियों ने पहली बार अर्जित किया है? हर चीज़ का कोई न कोई आधार तो होना ही चाहिए। अगर आप विद्रोह भी कर रहे हैं, किसी तरह की तोड़फोड़ कर रहे हैं, किसी तरह का नवोन्मेष कर रहे हैं, तब भी उसका कोई आधार, कहीं अतीत में किसी न किसी रूप में मौजूद होगा। हवा में तो लट्ठ नहीं भाँज सकते। देखना शुरू किया तो पता चला कि इसके पीछे तो कविता में नगर जीवन की छवियों की एक प्रदीर्घ परम्परा मौजूद है। तो थोड़ा बहुत...झलक भर ही सही...लेकिन उसको भी देखा जाना ज़रूरी था। इसी कोशिश में यह सारा कुछ, जो सोचा भाला था कुछ फैल-सा गया, कुछ बिखर-सा भी गया।

कभी-कभी लगता है कि बहुत संयत और व्यवस्थित होने से भी चीज़ें गड़बड़ा जाती हैं। अकादमिक व्यवस्था अपने खाँचे में फिट न हो सकने वाली अनेक बातों या दृश्यों को अपनी व्यवस्था से बाहर कर देती हैं। क्रमभंगता के लिए उसमें अवकाश नहीं होता। इसलिए कई बार लगता है कि अव्यवस्थित ढाँचे जीवन की ऊबड़-खाबड़ स्थितियों के अधिक नज़दीक होते हैं। उनमें बहुत कुछ को, बहुत सारी विपरीतताओं को भी अपने में समेट लेने की क्षमता होती है। एक अजीब-सा समावेशीपन हमारी पूरी जीवन पद्धत्तियों में अन्तर्निहित रहा है। इसलिए एक समय तक लगभग विरोधी नज़र आती स्थितियों को भी कुछ समय बाद एक दूसरे के बगल में खड़ा देखा जा सकता है।

जीवन किसी बँधे-बँधाए सूत्र में नहीं चलता। चल नहीं सकता। शहर के बारे में तो माना ही जाता है कि वह कभी पूरा नहीं होता। उसका पूरापन उसके अधूरेपन में ही निवास करता है। वह हमेशा टूटता और बनता रहता है। उजड़ता और बसता रहता है। वह जितना व्यवस्थित होता है उतना ही बेतरतीब और अव्यवस्थित भी होता है। वह परस्पर विरोधी स्थितियों का युग्म है। उसमें अनेक आकस्मिकताएँ घटित होती हैं। कविता का शहर इस से अलग नहीं है। इन आकस्मिकताओं को दर्ज़

करना ज़रूरी है। अत: यह थोड़ा अव्यवस्थित-सा थोडा ऊबड़-खाबड़-सा...फॉर्मलेस सा फॉर्म, मुझे रास आता है। या कह लीजिये कि मेरी क्षमताएँ या अक्षमताएँ इसी तरह से अपने को व्यक्त कर पाती हैं। बहुत सारी कविता और उसमें बसे शहर मुझसे छूट गए। मैं उनमें नहीं जा पाया, उन्हें नहीं दर्ज़ कर पाया। इसका थोड़ा अफसोस भी है पर आने वाले समय में वो कहीं न कहीं दर्ज़ होंगे, इसका भरोसा है।

कोई और कवि होगा जो कविता में छूट गए शहरों तक भी जाएगा और शहर के जो कोने-अँतरे देखने से छूट गए उनमें भी झाँकेगा। हमारे कई ऐसे शहर हैं जो हिन्दी क्षेत्र में हैं लेकिन वो अन्य भारतीय भाषाओं में भी अपने ढंग से आए हैं। कई शहर हैं जो हिन्दीभाषी क्षेत्र से बाहर हैं लेकिन वे हिन्दी और दूसरी भारतीय भाषाओं में भी दिखाई पड़ते हैं। अलग-अलग भारतीय भाषाओं में दर्ज़ हुए एक ही शहर के चेहरे कैसे अलग-अलग दिखाई पड़ते हैं, इसे देखने की भी कोशिश की जानी चाहिए।

कविता का यह शहर और भी कवियों को भटकने के लिए बुला सकेगा...ऐसा मुझे भरोसा है।

सन्दर्भित किताबों, पत्रिकाओं और लेखों की सूची

1. उत्तरप्रदेश के प्राचीन नगर : अशोक सिंह
2. कादम्बिनी नव.2014, प्रधान सम्पादक : शशि शेखर, हिन्दुस्तान टाइम्स हाउस, 18–20 कस्तूरबा गांधी मार्ग, नई दिल्ली
2. भारतनामा : सुनील खिलनानी, अनुवाद : अभय कुमार दुबे, राजकमल प्रकाशन प्रा.लि. नई दिल्ली, पहला पेपरबैक, संस्करण 2001
4. प्राचीन भारत में नगर तथा नगर–जीवन : उदयनारायण राय, लोकभारती प्रकाशन, इलाहाबाद, द्वितीय संशोधित एवं परिवर्धित संस्करण, 1998
5. वंश से राज्य तक (ई.पू. प्रथम सहस्राब्दि के मध्य गंगाघाटी में समाज की रचना) : रोमिला थापर, अनुवाद : मंगलनाथ सिंह, ग्रन्थ शिल्पी (इंडिया) प्रा.लि. नई दिल्ली, प्रथम हिन्दी संस्करण, 1997
6. कालिदास ग्रन्थावली : आचार्य सीताराम चतुर्वेदी, चौखम्बा सुरभारती प्रकाशन, वाराणसी, चतुर्थ संस्करण 1980
7. मेघ सन्देश : मेघदूत का व्यानुवाद : डॉ. राधावल्लभ त्रिपाठी रामकृष्ण प्रकाशन, विदिशा म.प्र. द्वितीय संस्करण, 1995
8. अन्तिम पंक्ति में : कविता संग्रह : नीलेश रघुवंशी, किताबघर प्रकाशन, नई दिल्ली, प्रथम संस्करण, 2008
9. जहाँ थोड़ा–सा सूर्योदय होगा : कविता संग्रह : चन्द्रकान्त देवताले, संवाद प्रकाशन, मेरठ, प्रथम संस्करण, 2008
10. श्रीमद्वाल्मीकीय रामायण, चतुर्थ संस्करण, प्रकाशन वर्ष, संवत् 2040, गीताप्रेस, गोरखपुर
11. दॅ कलेक्टेड ऐसेज़ ऑफ ए.के. रामानुजम : विनय धारवाडकर, आक्सफोर्ड यूनीवर्सटी प्रेस, सेवन्थ इम्प्रेशन 2013
12. रामचरितमानस : तुलसीदास, टीकाकार : हनुमान प्रसाद पोद्दार, प्रकाशन वर्ष, संवत् 2031, अठारहवाँ संस्करण, गीताप्रेस, गोरखपुर
13. हिन्दी साहित्य का इतिहास : आचार्य रामचन्द्र शुक्ल, प्रकाशन संस्थान, नई दिल्ली, प्रकाशन वर्ष, 2003

14. परिवेश त्रैमासिक 1993, सम्पादक : कुमार सम्भव, मूलचन्द गौतम, मुदाराबाद, उ.प्र., 1993
15. कल्पना, काशी अंक, सम्पादक प्रयाग शुक्ल, बदरीविशाल पित्ती ट्रस्ट सोमीजीगुडा, हैदराबाद, प्रथम संस्करण, 2005
16. बना रहे बनारस, विश्वनाथ मुखर्जी विश्वविद्यालय प्रकाशन, वाराणसी, तृतीय संस्करण, 2009
17. नई कविता और अस्तित्ववाद, रामविलास शर्मा, राजकमल प्रकाशन प्रा.लि., नई दिल्ली, प्रथम संस्करण, 1978
18. प्रगतिशील वसुधा 65, सम्पादक : स्वयं प्रकाश, राजेन्द्र शर्मा, प्रगतिशील लेखक संघ का प्रकाशन, भोपाल, 2005
19. गंगातट : कविता संग्रह : ज्ञानेन्द्रपति, राधाकृष्ण प्रकाशन, नई दिल्ली, पहला संस्करण, प्रकाशन वर्ष, 2000
20. विटगेन्सटाइन के दर्शन की रूपरेखा : कालीचरण पांडेय, न्यू भारतीय बुक कार्पोरेशन, दिल्ली 110007, प्रथम संस्करण, 2005
21. भारत के नगर : एक ऐतिहासिक सिंहावलोकन, अ.कोरोत्स्काया, पीपुल्स पब्लिलिशिंग हाउस (प्रा.) लिमिटेड, नई दिल्ली, प्रथम संस्करण, 1984
22. सिटी एंड कन्ट्री साइड एज़ आइडियोलाजिकल इश्यू : इंडिया एंड चाइना, रोडस् मर्फी कम्प्रेटिव स्टेडीज़ इन सोसायटी एंड हिस्ट्री, वाल्यूम 14, नं. 3 जनवरी, 1972 पृ. 250-267
23. भारतीय इतिहास का आरम्भिक मध्यकाल, मोहम्मद हबीब, सम्पादक : इरफ़ान हबीब, ग्रन्थशिल्पी (इंडिया) प्रा.लि. दिल्ली, प्रथम संस्करण, 2010
24. उर्दू साहित्य का इतिहास, एहतिशाम हुसैन, अनजुमने-तरक़्क़ीए-उर्दू (हिन्दी) अलीगढ़, प्रथम संस्कण, 1954
25. भक्ति आन्दोलन और सूरदास का काव्य, मैनेजर पांडेय, वाणी प्रकाशन, दरियागंज, नई दिल्ली, प्रकाशन वर्ष, 1993
26. प्रतिनिधि कविताएँ : केदारनाथ सिंह, राजकमल प्रकाशन प्रा.लि. नई दिल्ली, पहला संस्करण, प्रकाशन वर्ष, 1985
27. दीवान-ए-सराय—2 शहरनामा, सराय, विकासशील समाज अध्ययन पीठ (सीएसडीएस) का कार्यक्रम, वाणी प्रकाशन, दरियागंज, नई दिल्ली, प्रकाशन वर्ष, 2005
28. दीवान-ए-ग़ालिब : अली सरदार जाफ़री, राजकमल प्रकाशन प्रा.लि. नई दिल्ली, पेपरबैक्स में पहला संस्करण प्रकाशन वर्ष, 1988
29. ज्ञानोदय महानगर विशेषांक—2 1966 : सम्पादक : लक्ष्मीचन्द्र जैन, रमेश बक्षी भारतीय ज्ञानपीठ, कलकत्ता
30. धरती : कविता संग्रह : त्रिलोचन शास्त्री, नीलाभ प्रकाशन, इलाहाबाद, द्वितीय संस्करण प्रकाशन वर्ष, 1977

31. भिनसार (शब्द लिखने के लिए ही कागज़ बना है) : ज्ञानेन्द्र पति, किताबघर प्रकाशन, नई दिल्ली, प्रथम संस्करण, 2006
32. असुन्दर सुन्दर : कविता संग्रह : जितेन्द्र श्रीवास्तव, भारतीय ज्ञानपीठ, नई दिल्ली, पहला संस्करण, प्रकाशन वर्ष, 2008
33. भारत के प्राचीन नगरों का पतन : रामशरण शर्मा, राजकमल प्रकाशन प्रा.लि., नई दिल्ली, चौथी आवृत्ति, प्रकाशन वर्ष, 2010
34. नज़ीर की बानी : फ़िराक़ गोरखपुरी, वाणी प्रकाशन, दरियागंज, नई दिल्ली, प्रथम संस्करण, प्रकाशन वर्ष, 1999
35. दीवान-ए-मीर : अली सरदार जाफ़री, राजकमल प्रकाशन प्रा.लि., पेपरबैक्स में पहला संस्करण 1987
36. निगहबानी में फूल : कविता संग्रह, वसन्त सकरगाए, अन्तिका प्रकाशन, गाज़ियाबाद, प्रकाशन वर्ष, 2011
37. नेशन एंड विलेज, इमेज ऑफ रूरल इंडिया इन गांधी, नेहरू एंड अम्बेडकर : सुरिन्दर एस.जोढका, इकनोमिकल एंड पोलेटिकल वीकली (ई पी डब्ल्यू 2002), वाल्यूम नं. 32 (अगस्त 10-16 2002) पृ. नं. 3343-3353
38. छठवाँ दशक : विजयदेव नारायण साही, हिन्दुस्तानी एकेडेमी, इलाहाबाद, प्रथम संस्करण, प्रकाशन वर्ष, 1987
39. सदानीरा : सम्पूर्ण कविताएँ : अज्ञेय नेशनल पब्लिशिंग हाउस, नई दिल्ली, प्रथम संस्करण, 1986
40. नई कविता अंक तीन 1956, सम्पादक : जगदीश गुप्त, विजयदेव नारायण साही, लोकभारती प्रकाशन, इलाहाबाद, प्रथम संस्करण, प्रकाशन वर्ष, 2000
41. इंडियन राइटिंग इन इंगलिश क्रिटिकल एक्सप्लोरेशन (सम्पादक : अमरनाथ प्रसाद) में संकलित लेख सिटी स्केप इन इंडियन इंगलिश पोएट्री : के.एन. पांडे, सरूप एंड संस, अंरारी रोड, नई दिल्ली, प्रथम संस्करण, प्रकाशन वर्ष, 2002
42. पहल पत्रिका, अंक 69, बाजार में खड़ा दार्शनिक वाल्टर बेन्जामिन : सम्पादक ज्ञानरंजन, जबलपुर म.प्र., प्रथम संस्करण, प्रकाशन वर्ष, 2001
43. चाँद का मुँह टेढ़ा है, कविता संग्रह : गजानन माधव मुक्तिबोध, भारतीय ज्ञानपीठ, दिल्ली, तृतीय संस्करण प्रकाशन वर्ष, 1971
44. मुक्तिबोध रचनावली खंड-6, सम्पादक : नेमिचन्द्र जैन, राजकमल प्रकाशन प्रा.लि., नई दिल्ली, प्रथम संस्करण, 1980
45. हरा चैक : कविता : शमशेर बहादुर सिंह : दैनिक जनसत्ता नई दिल्ली में अशोक वाजपेयी के कॉलम 'कभी-कभार' में उद्धृत
46. नए युग में शत्रु, कविता संग्रह : मंगलेश डबराल, राधाकृष्ण प्रकाशन, नई दिल्ली, प्रकाशन वर्ष, 2013
47. रघुवीर सहाय रचनावली खंड-1, सम्पादक : सुरेश शर्मा, राजकमल प्रकाशन प्रा.लि., नई दिल्ली, पहला संस्करण, 2000

48. रघुवीर सहाय रचनावली (दिल्ली मेरा परदेस) खंड-5, सम्पादक : सुरेश शर्मा, राजकमल प्रकाशन प्रा.लि., नई दिल्ली, पहला संस्करण, 2000
49. सर्वेश्वरदयाल सक्सेना ग्रन्थावली खंड-एक, सर्वेश्वर दयाल सक्सेना, वाणी प्रकाशन नई दिल्ली, प्रथम संस्करण, प्रकाशन वर्ष, 2004
50. सृष्टि पर पहरा : कविता संग्रह : केदारनाथ सिंह, राजकमल प्रकाशन प्रा.लि., प्रथम संस्करण, प्रकाशन वर्ष, 2014
51. श्रीकान्त वर्मा रचनावली खंड-1, राजकमल प्रकाशन प्रा.लि., पहला संस्करण, प्रकाशन वर्ष, 2003
52. यह भूमंडल की रात है : कविता संग्रह : पंकज राग, राजकमल प्रकाशन प्रा.लि., नई दिल्ली, पहला संस्करण, प्रकाशन वर्ष, 2008
53. फिलहाल : अशोक वाजपेयी, राजकमल प्रकाशन प्रा.लि., नई दिल्ली, द्वितीय संस्करण, प्रकाशन वर्ष, 1973
54. अकविता और कला सन्दर्भ : डॉ. श्याम परमार, प्रथम संस्करण, प्रकाशन वर्ष, 1968
55. समकालीन कविता पर एक बहस : जगदीश नारायण श्रीवास्तव, चित्रलेखा प्रकाशन, इलाहाबाद, प्रथम संस्करण, प्रकाशन वर्ष, 1978
56. विजप : कविता संकलन : गंगाप्रसाद विमल, डॉ. जगदीश चतुर्वेदी, श्याम परमार की कविताओं का संकलन, राधाकृष्ण प्रकाशन, दिल्ली, प्रथम संस्करण, प्रकाशन वर्ष, 1967
57. इस अकाल वेला में : राजकमल चौधरी की कविताएँ : सम्पादक सुरेश शर्मा वाणी प्रकाशन नई दिल्ली, प्रथम संस्करण, 1988
58. लुकमान अली तथा अन्य कविताएँ : कविता संग्रह : सौमित्र मोहन सम्भावना प्रकाशन, हापुड़ प्रथम संस्करण, प्रकाशन वर्ष, 1978
59. संसद से सड़क तक : कविता संग्रह : धूमिल राजकमल प्रकाशन प्रा.लि. नई दिल्ली, छठा संस्करण प्रकाशन वर्ष, 1990
60. कवि ने कहा : कविता संग्रह : ऋतुराज किताबघर प्रकाशन, नई दिल्ली, प्रथम संस्करण, प्रकाशन वर्ष, 2008.
61. समुद्र पर हो रही है बारिश : नरेश सक्सेना राजकमल प्रकाशन प्रा.लि. नई दिल्ली प्रथम संस्करण, 2001
62. कवि ने कहा : इब्बार रब्बी किताबघर प्रकाशन, नई दिल्ली प्रथम संस्करण, 2012
63. शहर अब भी सम्भावना है : कविता संग्रह : अशोक वाजपेयी भारतीय ज्ञानपीठ, दिल्ली, प्रथम संस्करण, 1966.
64. इस्पात नगरी : कविता संग्रह : जितेन्द्र कुमार, उच्चैः श्रवा साहित्य शोध संस्थान, भोपाल, प्रथम संस्करण, 1990
65. खुद अपनी आँख से : कविता संग्रह : विष्णु खरे जयश्री प्रकाशन, दिल्ली, तृतीय संस्करण 1980

66. खुले में आवास : कमलेश, राजकमल प्रकाशन प्रा.लि., नई दिल्ली, प्रथम संस्करण, 2008
67. वे हाथ होते हैं : कविता संग्रह : वेणु गोपाल, अनादि प्रकाशन, इलाहाबाद, प्रथम संस्करण, प्रकाशन वर्ष, 1974
68. कविता की संगत : विजय कुमार, आधार प्रकाशन, पंचकूला हरियाणा, द्वितीय संस्करण, प्रकाशन वर्ष, 1996
69. उसी शहर में उसका घर : ध्रुव शुक्ल, वाणी प्रकाशन, नई दिल्ली, प्रथम संस्करण, 2011
70. ज्ञानोदय साहित्यक वार्षिकी 2015, सम्पादक : लीलाधर मंडलोई, भारतीय ज्ञानपीठ, प्रथम संस्करण, 2015
71. अपनी केवल धार : कविता संग्रह : अरुण कमल, वाणी प्रकाशन, नई दिल्ली, तीसरा संस्करण, 1999
72. चौराहे पर लुहार : कविता संग्रह : नरेन्द्र जैन, आधार प्रकाशन प्रा.लि., पंचकूला हरियाणा, प्रथम संस्करण, 2012
73. सरे-शाम : कविता संग्रह : असद ज़ैदी, आधार प्रकाशन, पंचकूला हरियाणा, प्रथम संस्करण, 2014
74. निमित्त : कविता संग्रह : गिरधर राठी, राधाकृष्ण प्रकाशन, नई दिल्ली, प्रथम संस्करण, प्रकाशन वर्ष, 1995
75. घर के बाहर घर : विष्णु नागर, अन्तिका प्रकाशन, ग़ाज़ियाबाद, प्रथम संस्करण, प्रकाशन वर्ष, 2010
76. कबाड़ी का तराजू : कविता संग्रह : निर्मला गर्ग, राधाकृष्ण प्रकाशन, नई दिल्ली, प्रथम संस्करण, 2000
77. सम्बोधन, समकालीन युवा कविता अंक : (पत्रिका) अतिथि सम्पादक : असद ज़ैदी, कांकरोली राजस्थान, अंक पूर्णांक 139, प्रकाशन वर्ष, 2009
78. चाहे जिस शक्ल से : कविता संग्रह : विजय कुमार, राधाकृष्ण प्रकाशन, नई दिल्ली, प्रथम संस्करण, 1995
79. रात-पाली : कविता संग्रह : विजय कुमार, वाणी प्रकाशन, नई दिल्ली, प्रथम संस्करण, 2006
80. जलता मकान : कविता संग्रह : विनोद भारद्वाज, जयश्री प्रकाशन, दिल्ली, प्रथम संस्करण, 1980
81. एवजी में शब्द : कविता संग्रह : विनोद कुमार श्रीवास्तव, सम्भावना प्रकाशन, हापुड़, प्रथम संस्करण, 2000
82. प्रतिरोध की संस्कृति : बद्री नारायण, वाणी प्रकाशन, नई दिल्ली, प्रथम संस्करण, प्रकाशन वर्ष, 2012
83. प्रतिनिधि कविताएँ : कुमार अम्बुज, राजकमल प्रकाशन प्रा.लि., नई दिल्ली, प्रथम संस्करण, 2014

84. एक दिन लौटेगी लड़की : कविता संग्रह : गगन गिल, राजकमल प्रकाशन प्रा.लि., नई दिल्ली, प्रथम संस्करण, 1989
85. खुदाई में हिंसा : कविता संग्रह : बद्री नारायण, राजकमल प्रकाशन प्रा.लि., नई दिल्ली, पहला संस्करण, 2010
86. प्रकाश वर्ष : कविता संग्रह : संजय चतुर्वेदी, आधार प्रकाशन, पंचकूला हरियाणा, प्रथम संस्करण, 1993
87. गुल्लक : कविता संग्रह : नरेन्द्र गौड़, अनामिका प्रकाशन इलाहाबाद, प्रथम संस्करण, 1987
88. कवि ने कहा : कविता संग्रह : लीलाधर मंडलोई, किताबघर प्रकाशन, नई दिल्ली, प्रथम संस्करण, 2008
89. एक जन्म में सब : कविता संग्रह : अनीता वर्मा, राजकमल प्रकाशन प्रा.लि., नई दिल्ली, पहला संस्करण, 2003
90. रोशनी के रास्ते पर : कविता संग्रह : अनीता वर्मा, राजकमल प्रकाशन प्रा.लि., नई दिल्ली, पहला संस्करण, 2008
91. कवि ने कहा : कविता संग्रह : अनामिका, किताबघर प्रकाशन, नई दिल्ली, प्रथम संस्करण, 2008
92. सीढ़ियों का दुख : कविता संग्रह : रश्मिरेखा, प्रकाशन संस्थान, नई दिल्ली, प्रथम संस्करण, 2010
93. दृश्य से बाहर : कविता संग्रह : शाहनाज़ इमरानी दख़ल प्रकाशन, दिल्ली, प्रथम संस्करण, 2015
94. युवा द्वादश : सम्पादक निरंजन श्रोत्रिय 2011, संस्कृति प्रकाशन, उज्जैन, प्रथम संस्करण, 2011
95. वे तुमसे पूछेंगे डर का रंग : कविता संग्रह : उमाशंकर चौधरी, आधार प्रकाशन प्रा.लि., पंचकूला, हरियाणा, प्रथम संस्करण, 2014
96. कोलाज : कविता संग्रह : रवीन्द्र स्वप्निल, प्रजापति मेधा बुक्स, दिल्ली, प्रथम संस्करण, 2006
97. आँख में तिनका : कविता संग्रह : अच्युतानन्द मिश्र, यश पब्लिकेशंस दिल्ली प्रथम, संस्करण, 2013
98. रचना समय : (पत्रिका) अतिथि सम्पादक : हरि भटनागर, सितम्बर, 2013, भोपाल, म.प्र.

✪✪✪